PRIMER NIVEL:

APRENDE TECLADO FÁCILMENTE

POR VICTOR M. BARBA

Amsco Publications
New York/London/Paris/Sydney/Copenhagen/Madrid

Cover photograph by Randall Wallace
Project editor: Ed Lozano

Order No. AM 974446
US International Standard Book Number: 0.8256.2735.4
UK International Standard Book Number: 0.7119.9481.1

Exclusive Distributors:
Music Sales Corporation
257 Park Avenue South, New York, NY 10010 USA
Music Sales Limited
8/9 Frith Street, London W1D 3JB England
Music Sales Pty. Limited
120 Rothschild Street, Rosebery, Sydney, NSW 2018, Australia

Printed in the United States of America by
Vicks Lithograph and Printing Corporation

ÍNDICE

INTRODUCCIÓN

MÚSICA FÁCIL... ¡CON ESTE LIBRO ES REALMENTE FÁCIL!

En poco tiempo te darás cuenta de cómo puedes tocar fácilmente el teclado. Con tan sólo un poco de práctica y estudio vas a poder acompañar canciones y tocar melodías sin apenas esfuerzo. Por supuesto no serán todas las canciones que ya conoces o esperas poder tocar, pero con la ayuda de este libro, aprenderás a tocar canciones. Descubrirás que con este método podrás tocar música, y por supuesto, tocar en un grupo. De esta forma podrás tocar canciones conocidas de tus artistas favoritos y los ritmos que te gustan.

En este libro aprenderás ritmos y canciones de los estilos: norteño, banda, cumbia, bolero, balada, *rock*, mariachi, ranchera y muchos otros estilos más.

No trates de tocar todo enseguida. Estudia primero y practica mucho cada ejemplo. La música tiene que ser divertida, y por eso lo es también este libro. Verás que con un poco que estudies serás capaz de crear tus propias canciones. Recuerda que quizá no conozcas muchas de las canciones que se incluyen en este método, pero sí son muy parecidas a todas esas canciones que escuchas en la radio y en tus discos compactos.

Ojalá disfrutes tanto con este libro, como yo disfruté al escribirlo.

CD

El disco compacto (CD) incluye todos los ejemplos completos. Primero escucharás el tema musical y la canción tocada solamente con el teclado y luego el tema musical y la canción tocada con todo el grupo: teclados, guitarra, bajo y batería.

Este libro esta pensado para que pronto puedas tocar en grupo, pero también para que aprendas a tocar por tu propia cuenta. Es importante entonces que practiques varias veces cada canción y la toques al mismo tiempo que escuchas el CD.
Para escuchar una canción determinada fíjate en el número que está dentro de la estrella rodeada por un círculo.

4 Por ejemplo, ésta es la canción número 4, y es el tema musical número 4 del CD. Es muy fácil, al igual que toda la música de este libro.

Te felicito por querer aprender música. Practica mucho y aprenderás.

INSTRUMENTO

Es bueno que conozcas tu instrumento lo mejor posible. Las partes más importantes del instrumento, son las siguientes:

AFINACIÓN

La afinación es el acto de afinar. Se llama afinar un instrumento a ajustarlo al tono musical correcto. Por ejemplo, la nota de LA, se debe oír igual en cualquier instrumento. El *teclado* electrónico, normalmente está siempre afinado de fábrica, si tocas la nota LA, se oye LA. La *guitarra* no suele venir afinada. Para afinar la guitarra se tensan o aflojan las cuerdas. Por eso hay que afinar la guitarra igual al teclado, y el bajo, y la voz, en fin, todos los instrumentos deben de estar afinados antes de usarlos.

La afinación cuesta un poco de esfuerzo al principio por falta del oído musical. De momento, no te preocupes mucho. Pide ayuda a alguien que sepa afinar tu instrumento y practica siempre con el instrumento afinado. Incluso los pianos acústicos se tienen que afinar y para eso hay profesionales que afinan pianos. La guitarra o el bajo, son más sencillos de afinar que un piano. Trata de no tocar con el instrumento desafinado. La *batería* también se afina, aun cuando no tiene tonos, si tiene sonidos y los tambores deben estar bien afinados. No te preocupes mucho si no sabes afinar tu instrumento todavía, poco a poco vas a oír mejor las diferencias entre un instrumento afinado y otro que no lo está y lo vas a poder hacer por tu cuenta. Por ahora, concéntrate en aprender a tocar el instrumento. Recuerda poco a poco.

La música se escribe con *notas*, que son las bolitas y palitos que has visto muchas veces. En este libro vas a aprender para qué sirven las notas y cómo usarlas.

Las notas representan sonidos. Cuando ves una nota, representa un sonido. Si ves 5 notas, son 5 sonidos, y así sucesivamente. El sonido puede ser igual o diferente. Si la nota está en la misma rayita o en el mismo espacio entonces el sonido es *igual*. Si las notas van subiendo, por ejemplo una en cada línea del pentagrama, entonces cada sonido es *diferente*.

Además de sonidos *iguales* y *diferentes*. Hay sonidos *graves* (o notas graves), como los que hace el bajo o la tuba. También hay sonidos (o notas) *agudas*, como las del violín, la flauta o la trompeta.

Existen también los sonidos *cortos* (que sólo duran poquito tiempo) o sonidos *largos* (que duran muuuuuuuucho tiempo).
Por eso el *tiempo* en la música es lo principal, si no existiera el tiempo, no se podría tocar música.

Las *notas* pueden ser *iguales* o *diferentes*, *altas* o *bajas*, *cortas* o *largas*.

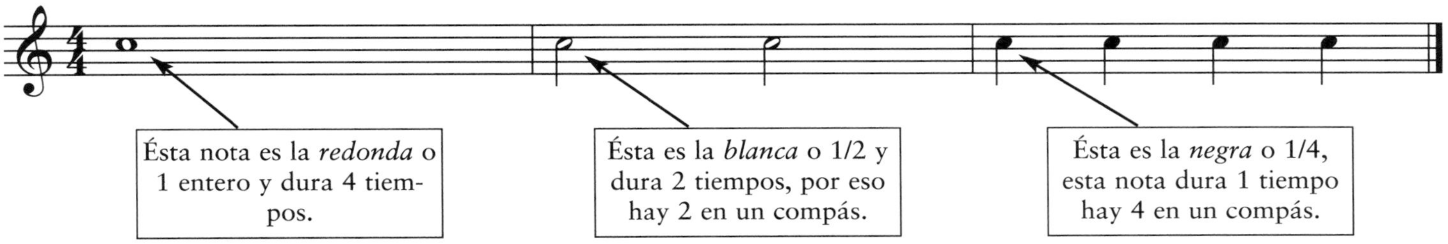

Ésta nota es la *redonda* o 1 entero y dura 4 tiempos.
Ésta es la *blanca* o 1/2 y dura 2 tiempos, por eso hay 2 en un compás.
Ésta es la *negra* o 1/4, esta nota dura 1 tiempo hay 4 en un compás.

Todas las *notas* se escriben en un *pentagrama*. Recuerda que para escribir música se utiliza una método que representa el sonido. El sonido tiene muchas cualidades, puede ser: agudo, grave, largo, corto, de poco volumen, de gran volumen, entre otros. El *pentagrama* se utiliza para poder representar la música por escrito.

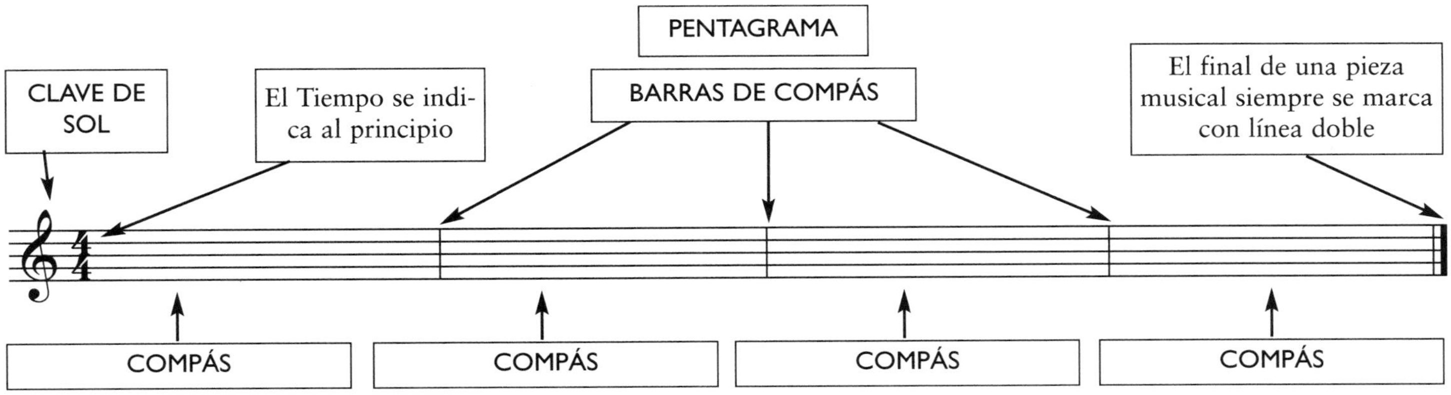

El Tiempo se indica al principio

El final de una pieza musical siempre se marca con línea doble

La música se divide en *compases*; un compás es la distancia que hay en medio de dos barras de compás.

El *pentagrama* tiene 5 líneas y 4 espacios. Las líneas se cuentan de abajo a arriba.

5 Líneas

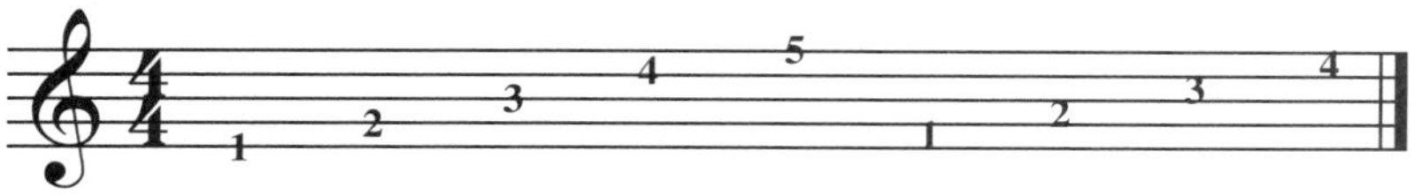

4 Espacios

En el compás de 4/4 hay 4 notas de 1 tiempo cada una. Se usa para baladas, boleros, y la mayor parte de la música. Es el compás más común.

En el compás de 3/4 sólo hay 3 notas y se usa para las rancheras, o vals, o música norteña de 3/4. Este compás también es muy común.

En el compás de 2/4 sólo hay dos notas. Se usa para la cumbia y música de corridos o ranchera. También se usa mucho.

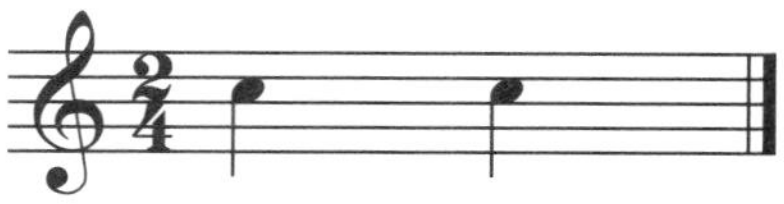

Hay más tipos de compases, pero después los aprenderás. De momento aprende estos tres.

PRINCIPALES ESCALAS MAYORES

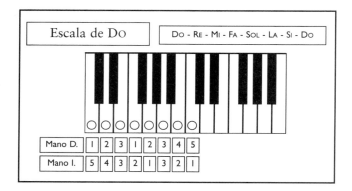

Escala de Do

Do - Re - Mi - Fa - Sol - La - Si - Do

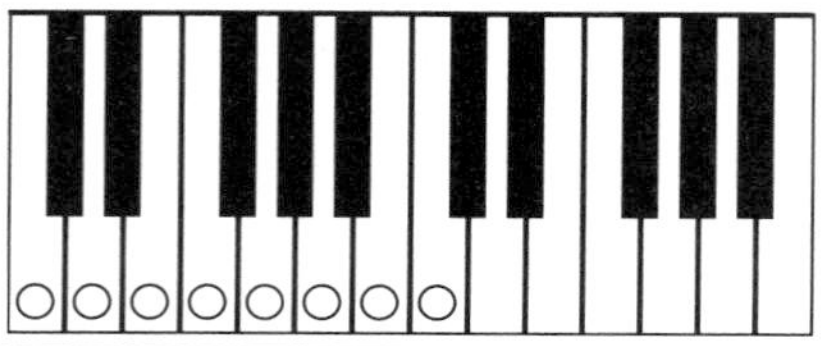

Mano D.	1	2	3	1	2	3	4	5
Mano I.	5	4	3	2	1	3	2	1

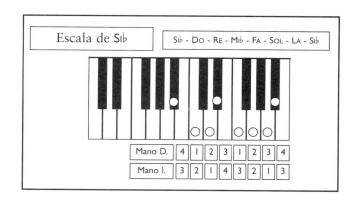

Escala de Fa

Fa - Sol - La - Si♭ - Do - Re - Mi - Fa

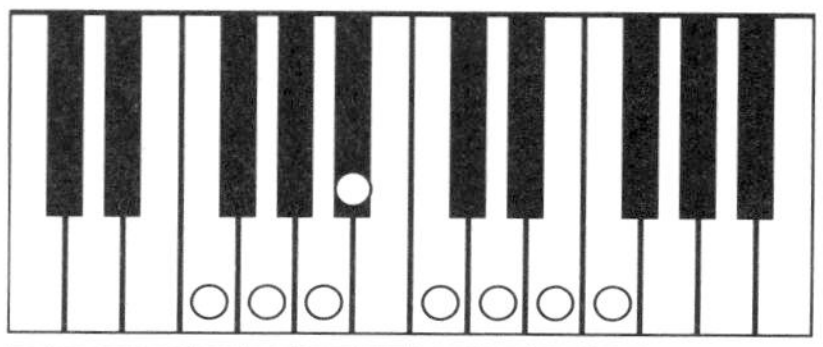

Mano D.	1	2	3	4	1	2	3	4
Mano I.	5	4	3	2	1	3	2	1

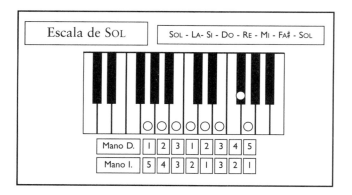

Escala de Sol

Sol - La- Si - Do - Re - Mi - Fa♯ - Sol

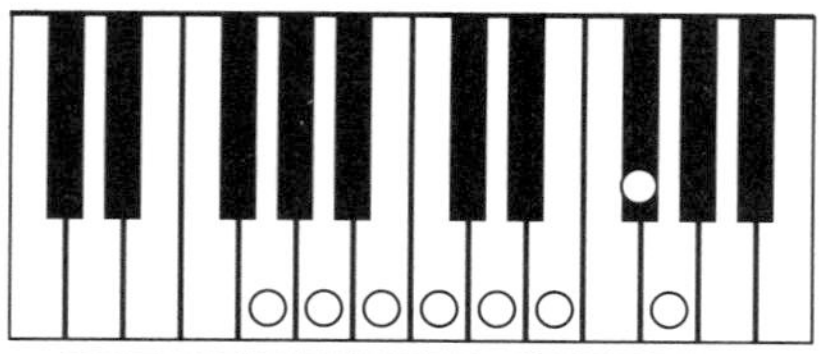

Mano D.	1	2	3	1	2	3	4	5
Mano I.	5	4	3	2	1	3	2	1

Escala de Si♭

Si♭ - Do - Re - Mi♭ - Fa - Sol - La - Si♭

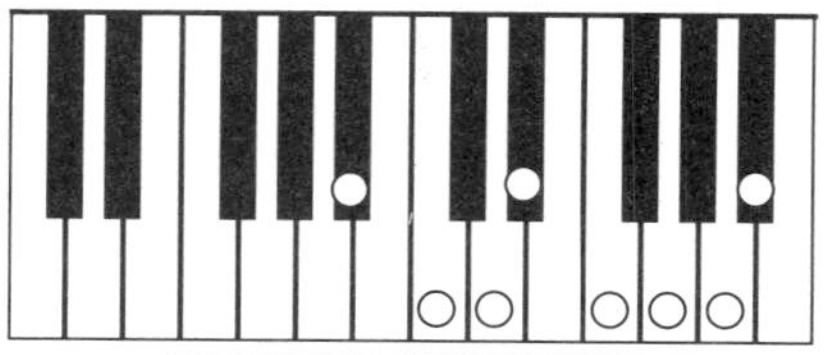

Mano D.	4	1	2	3	1	2	3	4
Mano I.	3	2	1	4	3	2	1	3

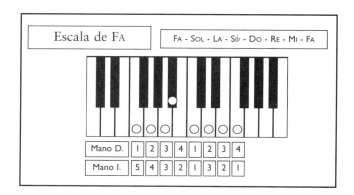

Escala de RE

RE - MI - FA♯ - SOL - LA - SI - DO♯ - RE

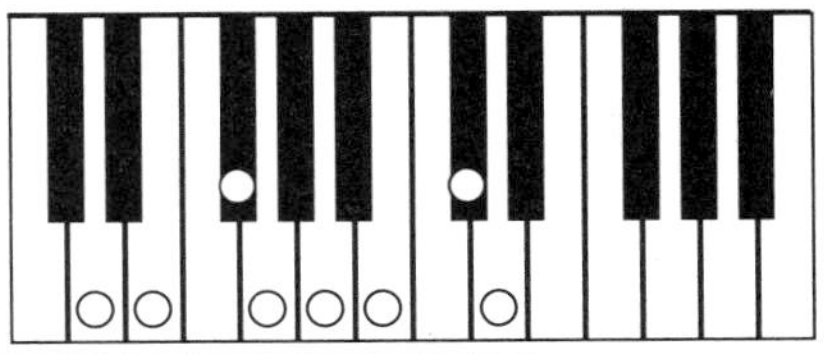

Mano D.	1	2	3	1	2	3	4	5
Mano I.	5	4	3	2	1	3	2	1

Escala de MI

MI - FA♯ - SOL♯ - LA - SI - DO♯ - RE♯ - MI

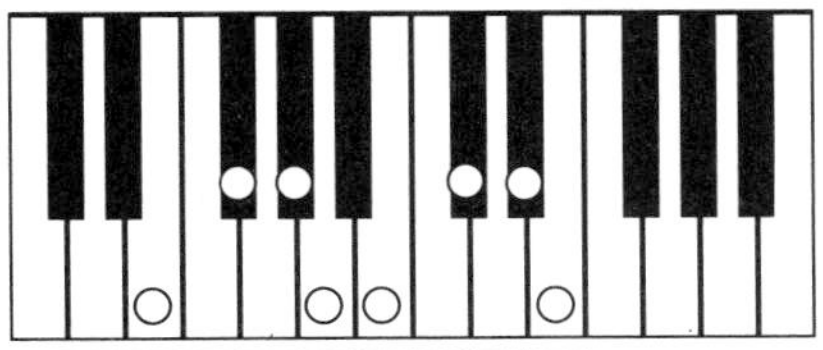

Mano D.	1	2	3	1	2	3	4	5
Mano I.	5	4	3	2	1	3	2	1

Escala de LA

LA - SI - DO♯ - RE - MI - FA♯ - SOL♯ - LA

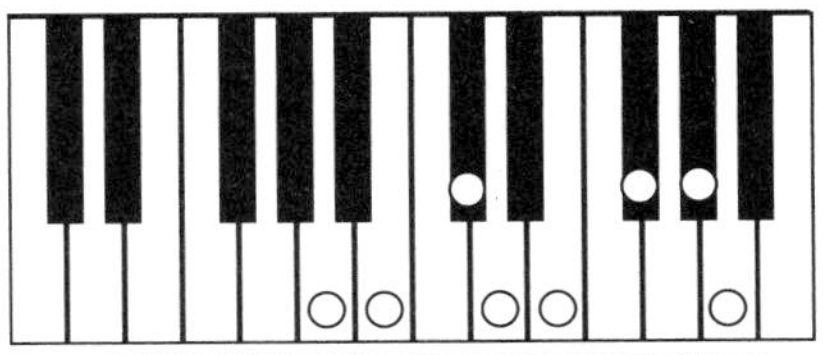

Mano D.	1	2	3	1	2	3	4	5
Mano I.	5	4	3	2	1	3	2	1

Escala de MI♭

MI♭ - FA - SOL - LA♭ - SI♭- DO - RE - MI♭

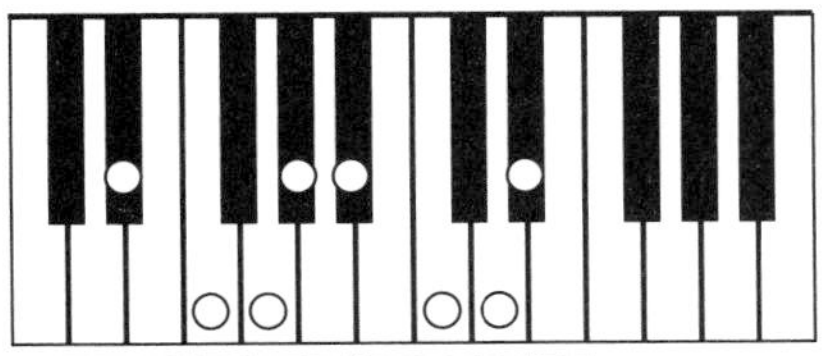

Mano D.	3	1	2	3	4	1	2	3
Mano I.	3	2	1	4	3	2	1	3

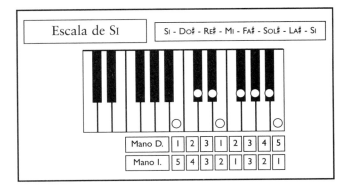

Escala de LA♭

LA♭ - SI♭ - DO- RE♭ - MI♭ - FA - SOL - LA♭

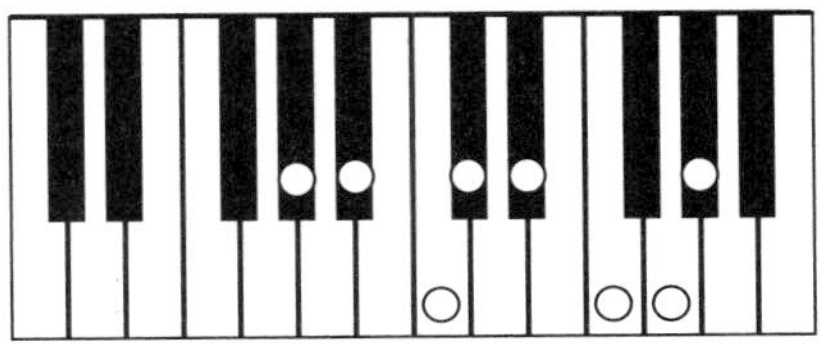

Mano D.	3	4	1	2	3	1	2	3
Mano I.	3	2	1	4	3	2	1	3

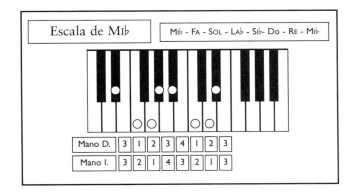

Escala de RE♭

RE♭ - MI♭ - FA - SOL♭ - LA♭ - SI♭ - DO -RE♭

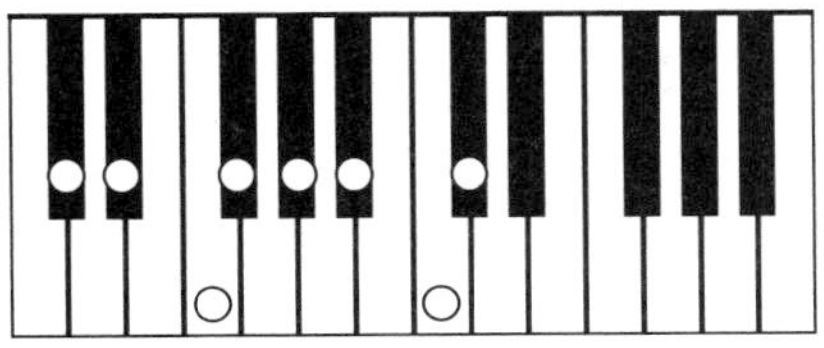

Mano D.	2	3	1	2	3	4	1	2
Mano I.	3	2	1	4	3	2	1	3

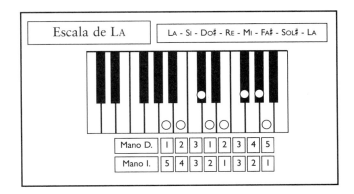

Escala de SI

SI - DO♯ - RE♯ - MI - FA♯ - SOL♯ - LA♯ - SI

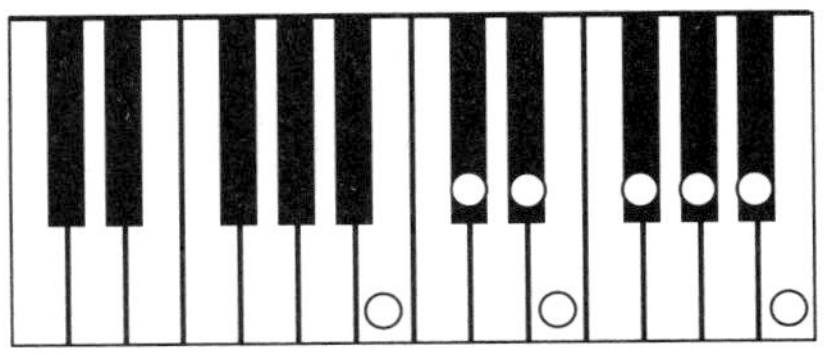

Mano D.	1	2	3	1	2	3	4	5
Mano I.	5	4	3	2	1	3	2	1

Practica estas escalas todos los dias primero con la mano derecha, y luego con mano izquierda, y despues con las dos manos juntas. Si lo haces, es garantizado que vas a tocar muy bien en poco tiempo.

Fíjate en los dedos que están debajo de cada nota, respeta ese orden de los dedos. Al principio puede parecer un poco latoso, pero si te acostumbras a hacerlo te resultará más fácil.

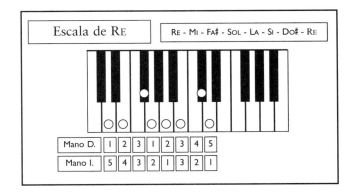

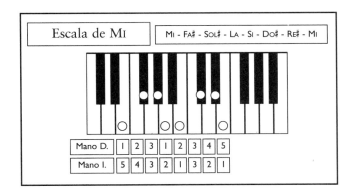

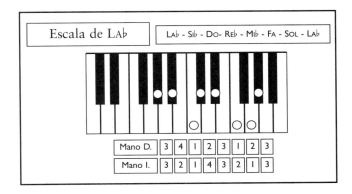

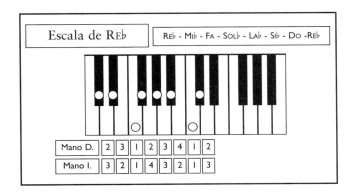

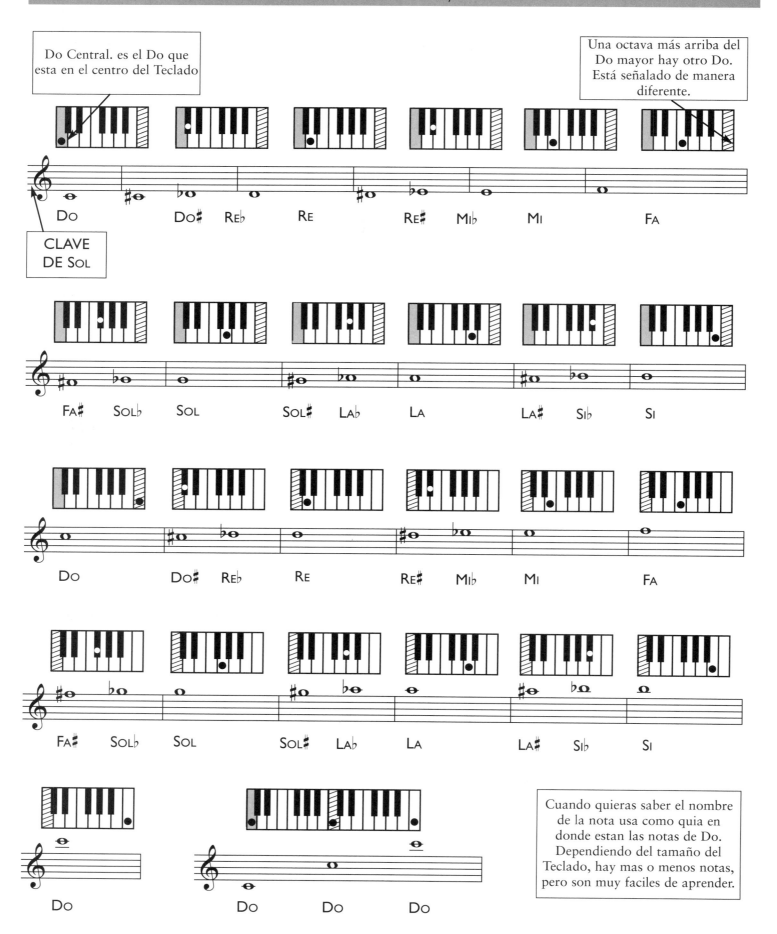

LAS NOTAS PRINCIPALES EN EL TECLADO

Al estilo de *Música fácil*

Do Central. es el Do que esta en el centro del Teclado

Una octava más arriba del Do mayor hay otro Do. Está señalado de manera diferente.

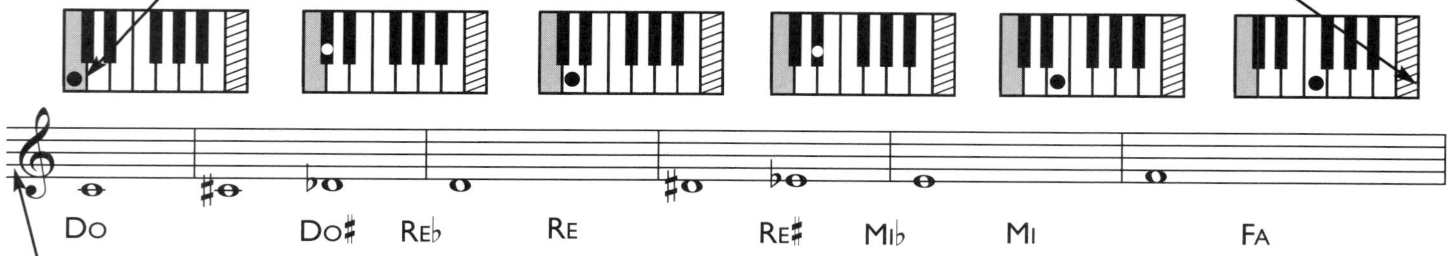

CLAVE DE SOL

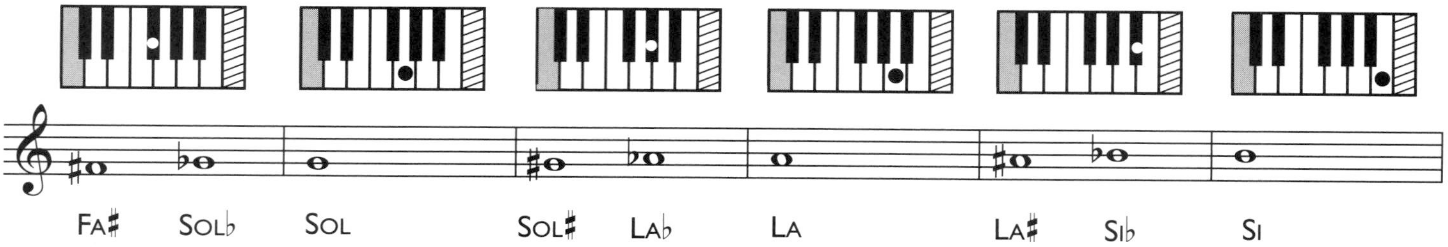

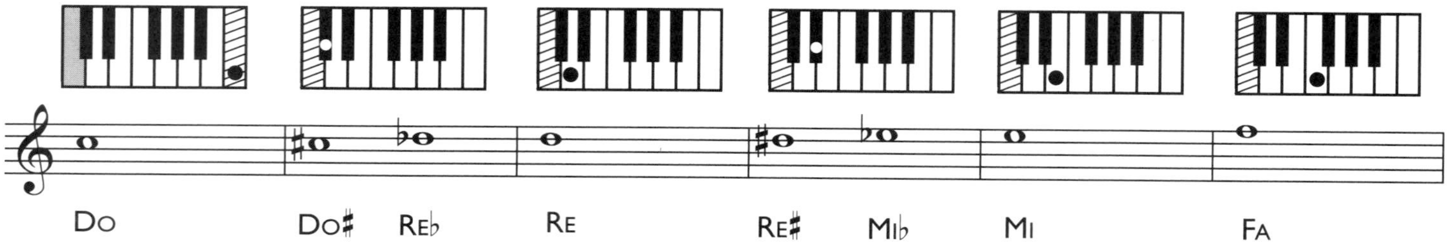

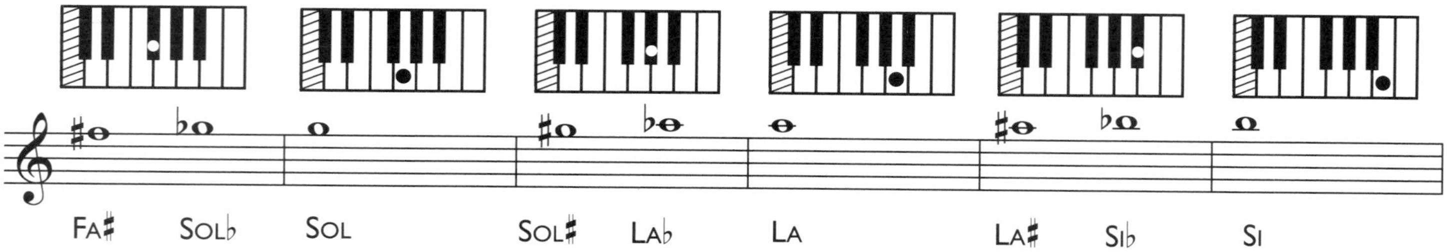

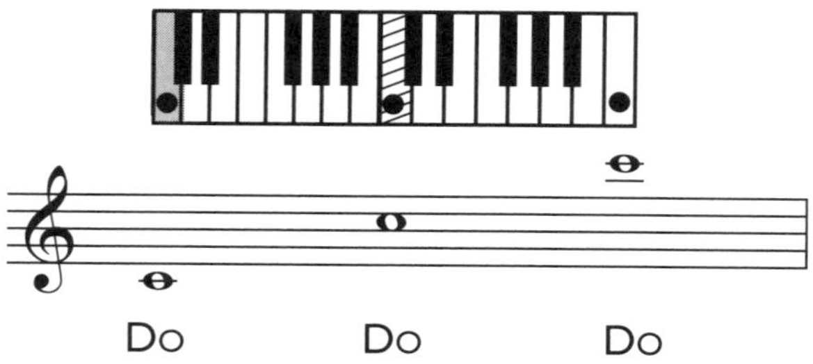

Cuando quieras saber el nombre de la nota usa como quia en donde estan las notas de Do. Dependiendo del tamaño del Teclado, hay mas o menos notas, pero son muy faciles de aprender.

LAS NOTAS PRINCIPALES EN EL TECLADO

Al estilo de *Música fácil*

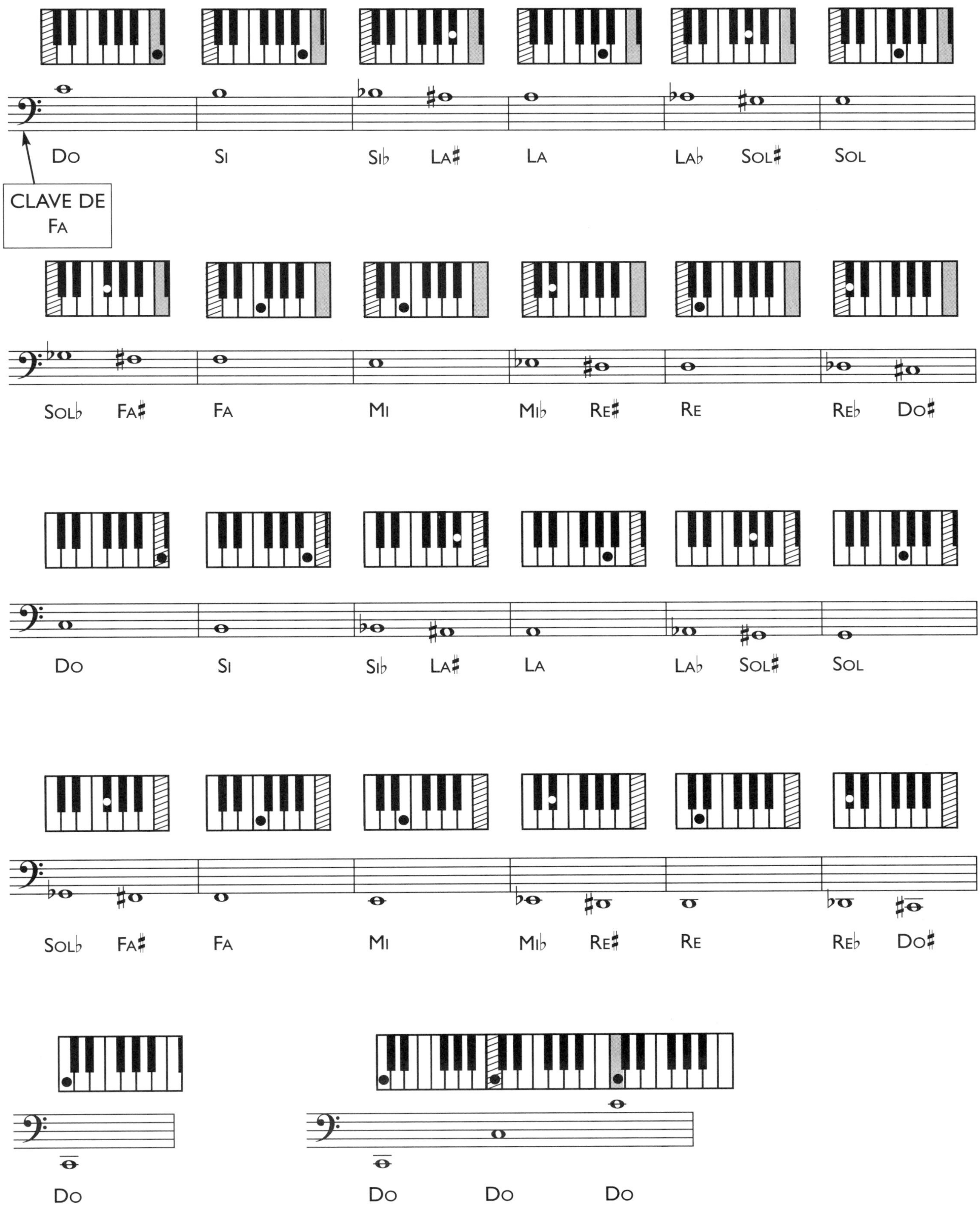

IMPORTANTE

Para tocar una canción o acompañarla, necesitas *sentir la música*. Esto lo puedes lograr a través de la práctica y el estudio. Hay tres elementos muy importantes que forman parte de la música:

Ritmo
Melodía
Armonía

Ritmo

El *ritmo* es un patrón musical formado por una serie de notas o unidades que son de duración diferentes. Por ejemplo la música disco, la cumbia, o la mayoría de música bailable tienen un ritmo muy marcado. La batería es un instrumento de percusión que marca el ritmo. Más adelante vas a entender mejor lo que es el ritmo. El ritmo puede expresarse con un sólo sonido o por varios sonidos. Éste es un ejemplo de ritmo usando un sólo sonido:

Melodía

La *melodía* es una sucesión de notas musicales que forman una frase musical o idea. Quiere decir que si creas un ritmo con diferentes sonidos, formas una melodía. Las melodías pueden (y deben) variar el ritmo, para que no sean monótonas o aburridas. Las melodías dependen mucho del compositor o del estilo de música del que se trate.

Armonía

La *armonía* es la comprención de las escalas y los acordes. Cuando tocas varias melodías al mismo tiempo, por ejemplo una con piano, otra con guitarra y al mismo tiempo tocas el bajo, cada instrumento va haciendo una melodía diferente (la melodía es como una tonadita). Cuando eso pasa, hay momentos en que suenan tres notas o más al mismo tiempo, y eso forma los *acordes*. La armonía es la parte de la música que estudia los acordes y cómo se deben de usar para formar progresiones de acordes o círculos para poder así acompañar las canciones.

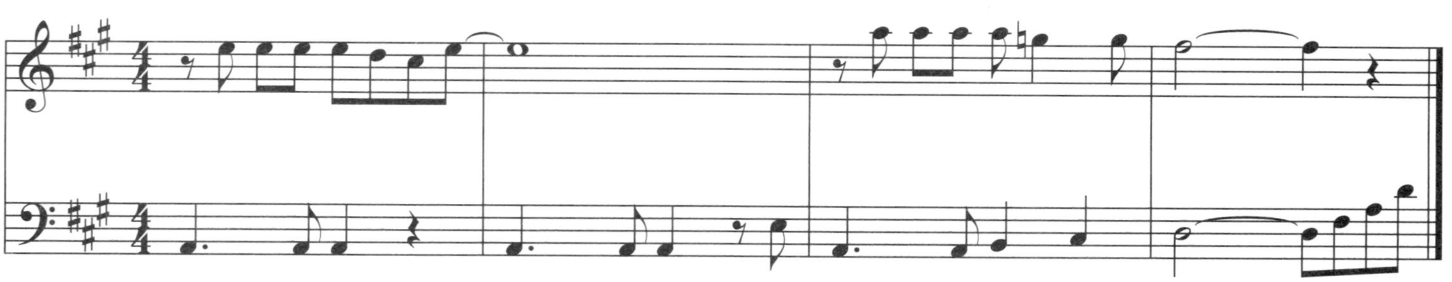

CÓMO SE TOCA EL TECLADO

Recuerda que este metodo se llama *Música Fácil*, por eso vamos a explicar la forma de tocar el teclado de la manera más fácil.

El teclado, o *piano*, se toca con las dos manos. En este libro vamos a comenzar con la mano derecha y después un poco de la mano izquierda. Sería imposible que en un solo libro aprendieras toda la música que existe o que aprendieras a tocar el instrumento perfectamente bien, pero este libro es una base muy buena.

Las notas en la música son 7: DO-RE-MI-FA-SOL-LA-SI. Después vuelves a repetir DO si quieres continuar con el mismo orden de las notas.

Fíjate en este dibujo.

Después de la nota SI las notas se vuelven a repetir una y otra vez. Tanto para atrás como para adelante mantienen el mismo orden: DO, RE, MI, FA, SOL, LA, SI, DO, RE, MI, FA, SOL, LA, SI, DO, RE, MI, FA, SOL, LA, SI, DO...

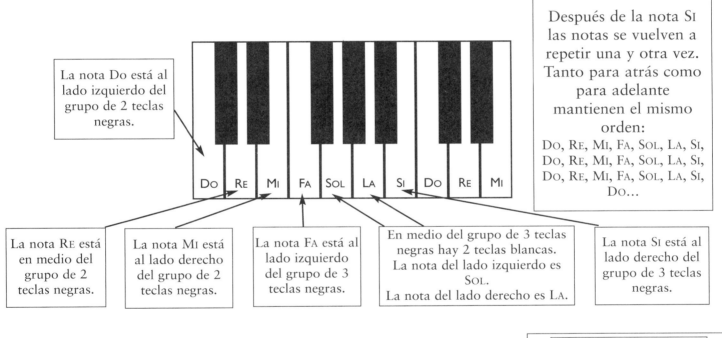

La nota Do está al lado izquierdo del grupo de 2 teclas negras.

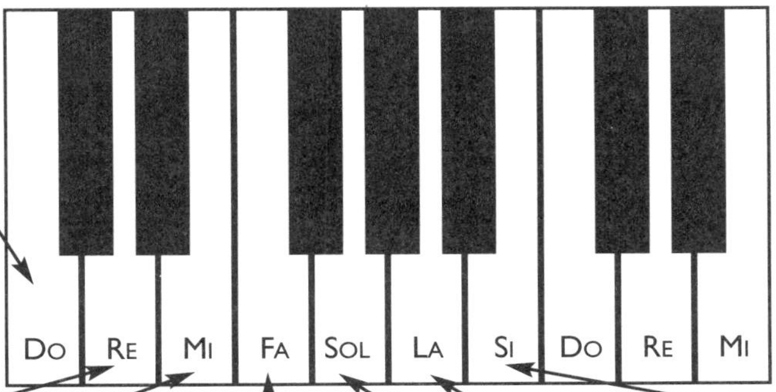

La nota RE está en medio del grupo de 2 teclas negras.

La nota MI está al lado derecho del grupo de 2 teclas negras.

La nota FA está al lado izquierdo del grupo de 3 teclas negras.

En medio del grupo de 3 teclas negras hay 2 teclas blancas. La nota del lado izquierdo es SOL. La nota del lado derecho es LA.

La nota SI está al lado derecho del grupo de 3 teclas negras.

Las teclas negras del piano tienen 2 nombres. Sostenidos (♯) o bemoles (♭).

Esta nota es DO♯ o RE♭

Esta nota es RE♯ o MI♭

Esta nota es FA♯ o SOL♭

Esta nota es SOL♯ o LA♭

Esta nota es LA♯ o SI♭

Ésta vuelve a ser DO♯ o RE♭ y así se repiten sucesivamente. Recuerda que la música es muy lógica. ¿Opina?

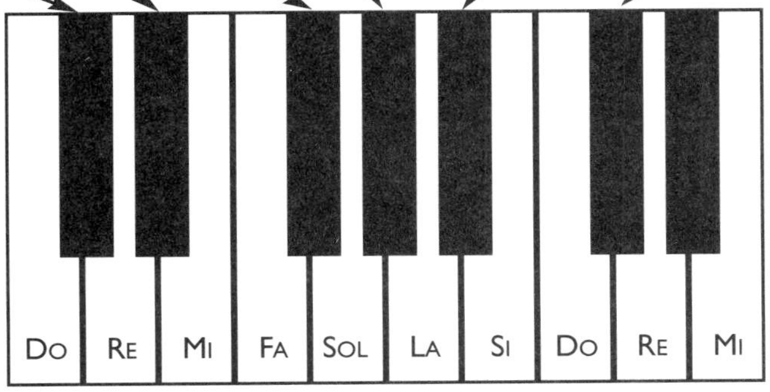

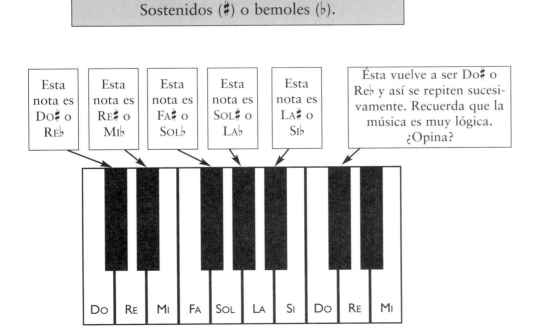

Los dedos de la mano Derecha se enumeran asi.

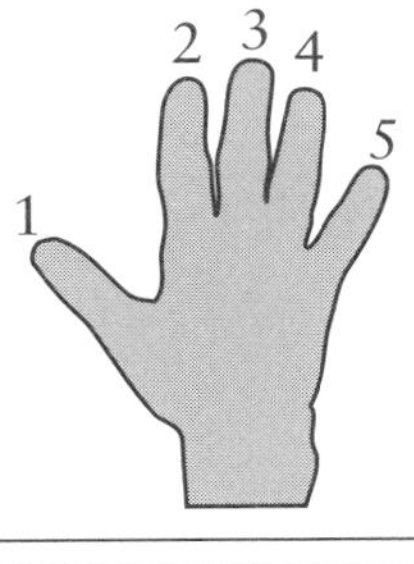

Los dedos de la mano Izquierda se enumeran asi.

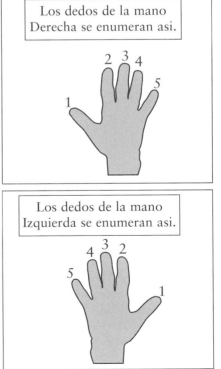

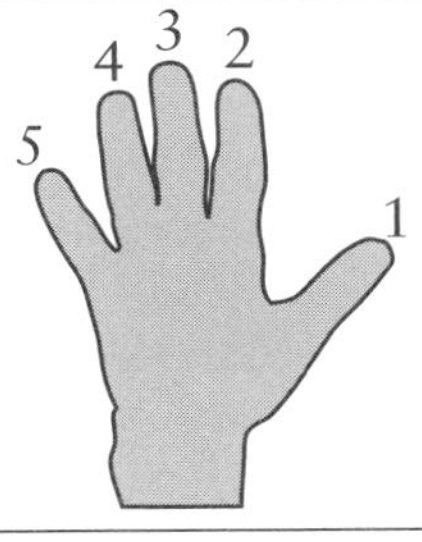

1 MIS PRIMEROS PININOS

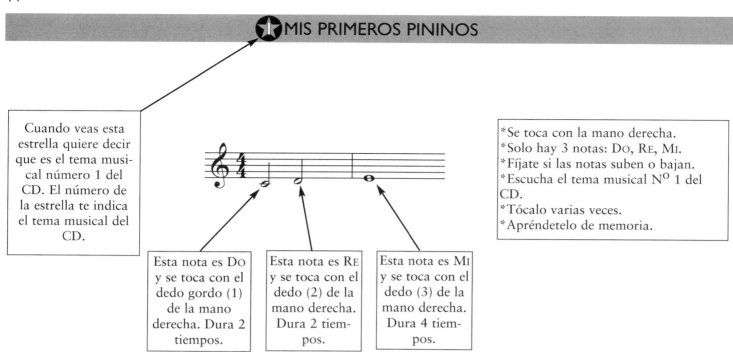

Cuando veas esta estrella quiere decir que es el tema musical número 1 del CD. El número de la estrella te indica el tema musical del CD.

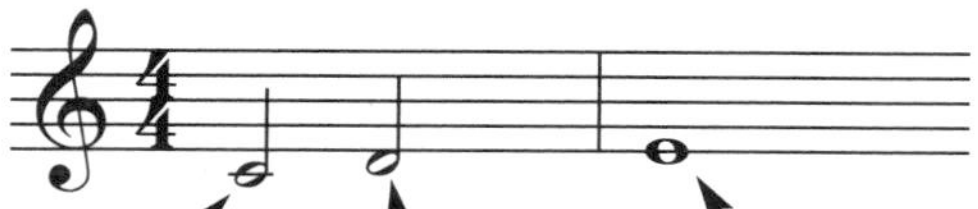

Esta nota es Do y se toca con el dedo gordo (1) de la mano derecha. Dura 2 tiempos.

Esta nota es Re y se toca con el dedo (2) de la mano derecha. Dura 2 tiempos.

Esta nota es Mi y se toca con el dedo (3) de la mano derecha. Dura 4 tiempos.

*Se toca con la mano derecha.
*Solo hay 3 notas: Do, Re, Mi.
*Fíjate si las notas suben o bajan.
*Escucha el tema musical N° 1 del CD.
*Tócalo varias veces.
*Apréndetelo de memoria.

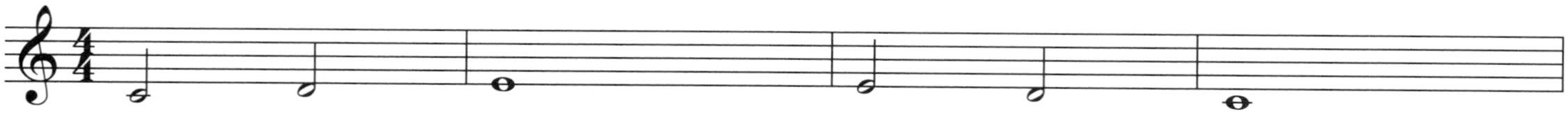

Recuerda que esta nota dura 1 tiempo, por eso hay 4 notas en un compás. Esta nota es Re.

Este es el Do central en el piano y dura cuatro tiempos.

2 MIS PRIMEROS PININOS (GRUPO)

En esta primera canción vas a tocar una melodía muy simple que solamente tiene tres notas, DO-RE-MI. Al final del libro sin embargo, vas a tocar varias canciones ya más completas. Lo importante es que cada canción que toques, tiene algo que enseñarte y si lo aprendes bien todo y estudias diariamente, vas a aprender lo necesario para tocar las canciones que te gustan o tocar con un grupo. En esta partitura está la música de todos los instrumentos de esta canción. Fíjate lo que hace cada uno y escucha el CD para que le entiendas mejor.

3 RANCHERITA

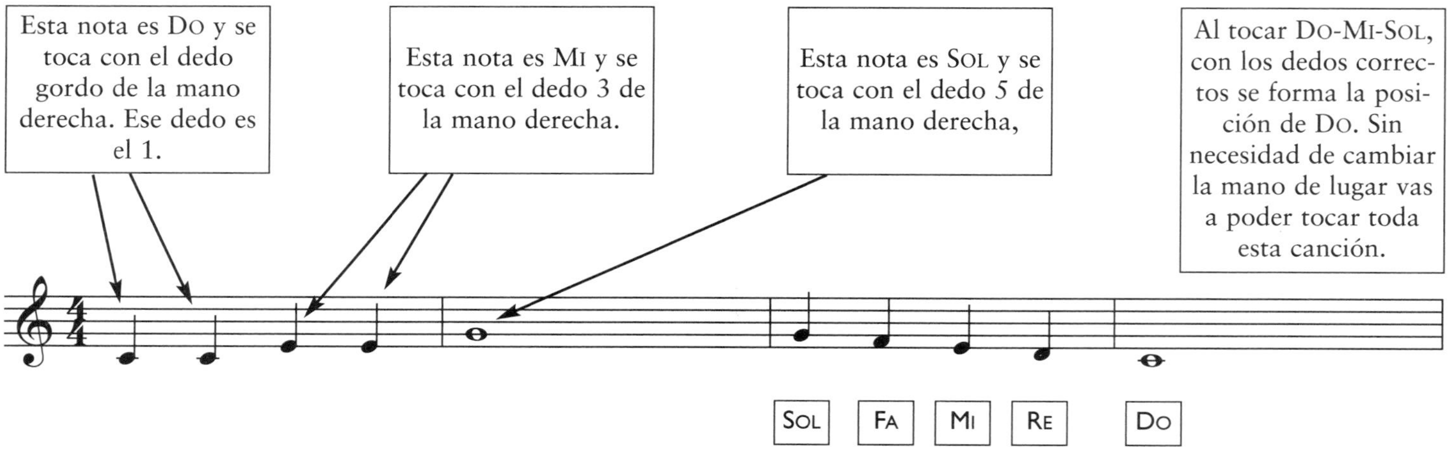

Esta nota es Do y se toca con el dedo gordo de la mano derecha. Ese dedo es el 1.
Esta nota es Mi y se toca con el dedo 3 de la mano derecha.
Esta nota es Sol y se toca con el dedo 5 de la mano derecha,
Al tocar Do-Mi-Sol, con los dedos correctos se forma la posición de Do. Sin necesidad de cambiar la mano de lugar vas a poder tocar toda esta canción.
Sol
Fa
Mi
Re
Do

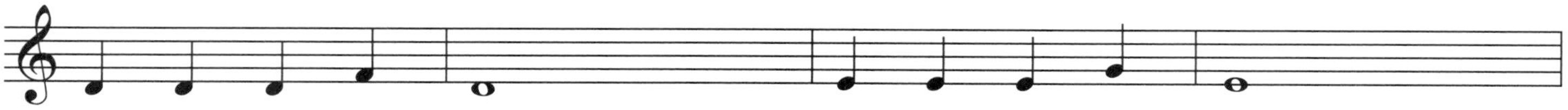

Trata de leer las notas sin ponerle el nombre debajo. Al principio puede parecer difícil, pero en realidad no lo es.

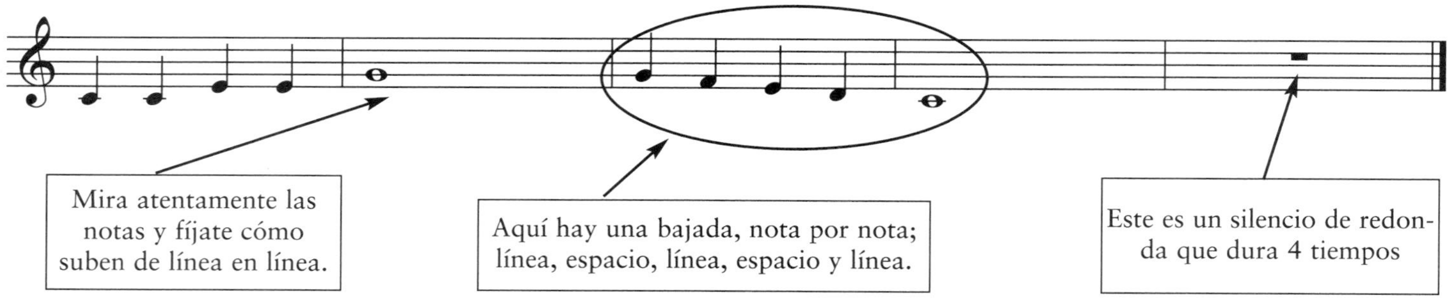

Mira atentamente las notas y fíjate cómo suben de línea en línea.
Aquí hay una bajada, nota por nota; línea, espacio, línea, espacio y línea.
Este es un silencio de redonda que dura 4 tiempos

Recuerda que las notas negras, duran 1 tiempo.

Recuerda que las notas blancas, duran 2 tiempos.

Recuerda que las notas redondas duran 4 tiempos.

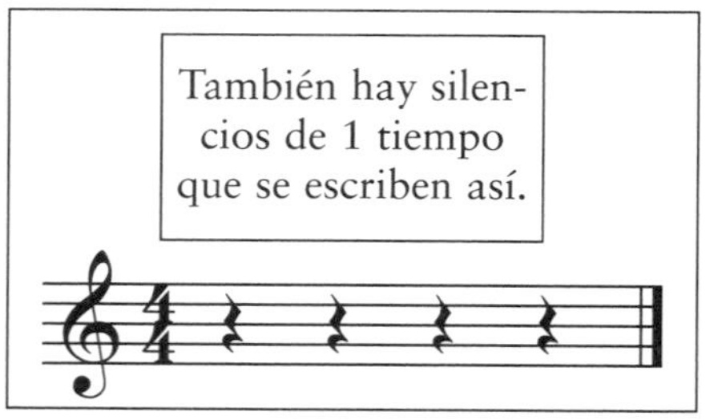

También hay silencios de 1 tiempo que se escriben así.

El silencio de 2 tiempos se escribe así.

El silencio de 4 tiempos se escribe así.

4 RANCHERITA (GRUPO)

Partitura General: Una partitura general es donde se escriben todos los instrumentos, uno encima del otro. Ya viste el ejemplo en la canción anterior, aquí te explico un poco más. Lo principal es escuchar el tema musical en el CD muchas veces y poco a poco lo vas a ir entendiendo.

La música se lee por compases, éste es el primer compás.

Un compás es la distancia que hay en medio de las dos líneas verticales del pentagrama.

En este caso se dice que es un compás, porque toda la música se lee junta. El tiempo que ocupa la batería, es el mismo que la guitarra y el mismo que el bajo y el piano; por eso: en el mismo compás tocan todos los instrumentos al mismo tiempo. Por eso se le dice que es un sólo compás.

Cada uno de estos espacios es un compás.

Escucha este ritmo y te darás cuenta de cómo se combina el bajo con la guitarra. En el primer tiempo, toca el bajo y la guitarra se mantiene en silencio. En el segundo tiempo, toca la guitarra y el bajo se mantiene en silencio. Lo mismo ocurre en el tercer y cuarto tiempo. Trata de escuchar cada instrumento por separado; primero uno y luego otro, y vas a ver que es divertido. De esta forma, cuando escuches otra canción que se parezca a este ritmo, sabrás cómo se toca y cómo se escribe.

Quizá esta hoja te parezca algo confusa. Dedícale media hora de tu tiempo y te garantizo que le vas a entender. Además toda la información que contiene este libro te facilitará el aprendizaje de la música para que cuando escuches o toques música lo disfrutes aún más.

5 SIMPLEMENTE TÚ

Como ya te dije, el teclado puede hacer varios sonidos, en esta canción utilizo un sonido como el del ruido del viento. Busca uno que sea lo mas parecido posible en el teclado que uses.

Fíjate cómo hay poco movimiento para cambiar de acorde de DO a SOL7.
El DO baja un poquito a SI.
El MI sube un poquito a FA.
El SOL se queda igual en SOL.

AIRE

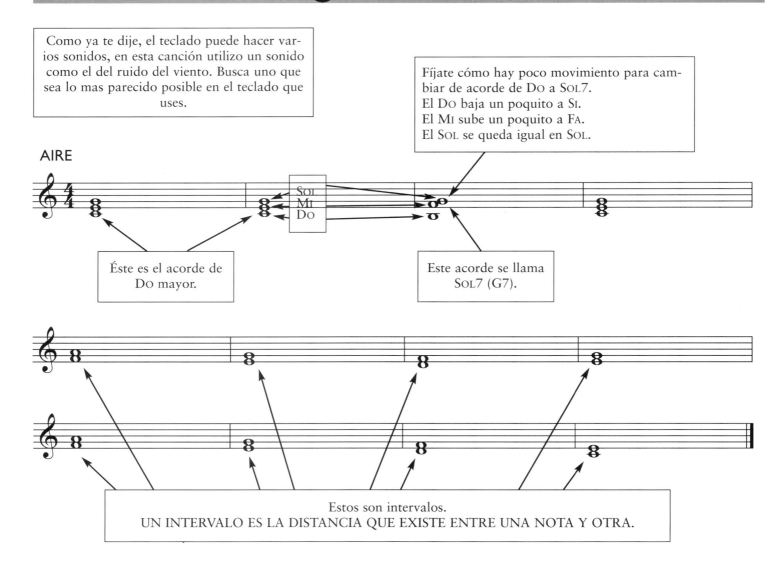

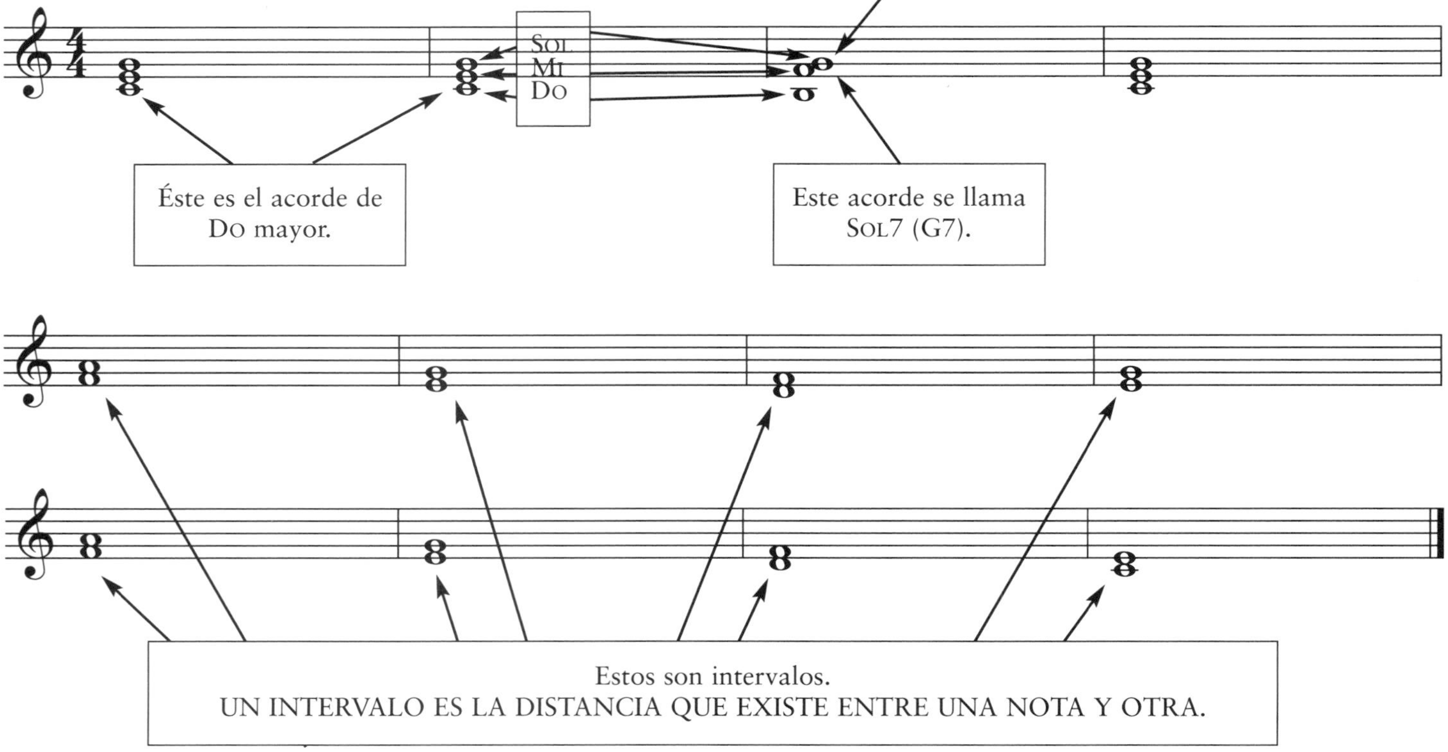
SOL
MI
DO
Éste es el acorde de DO mayor.
Este acorde se llama SOL7 (G7).
Estos son intervalos.
UN INTERVALO ES LA DISTANCIA QUE EXISTE ENTRE UNA NOTA Y OTRA.

6 SIMPLEMENTE TÚ (GRUPO)

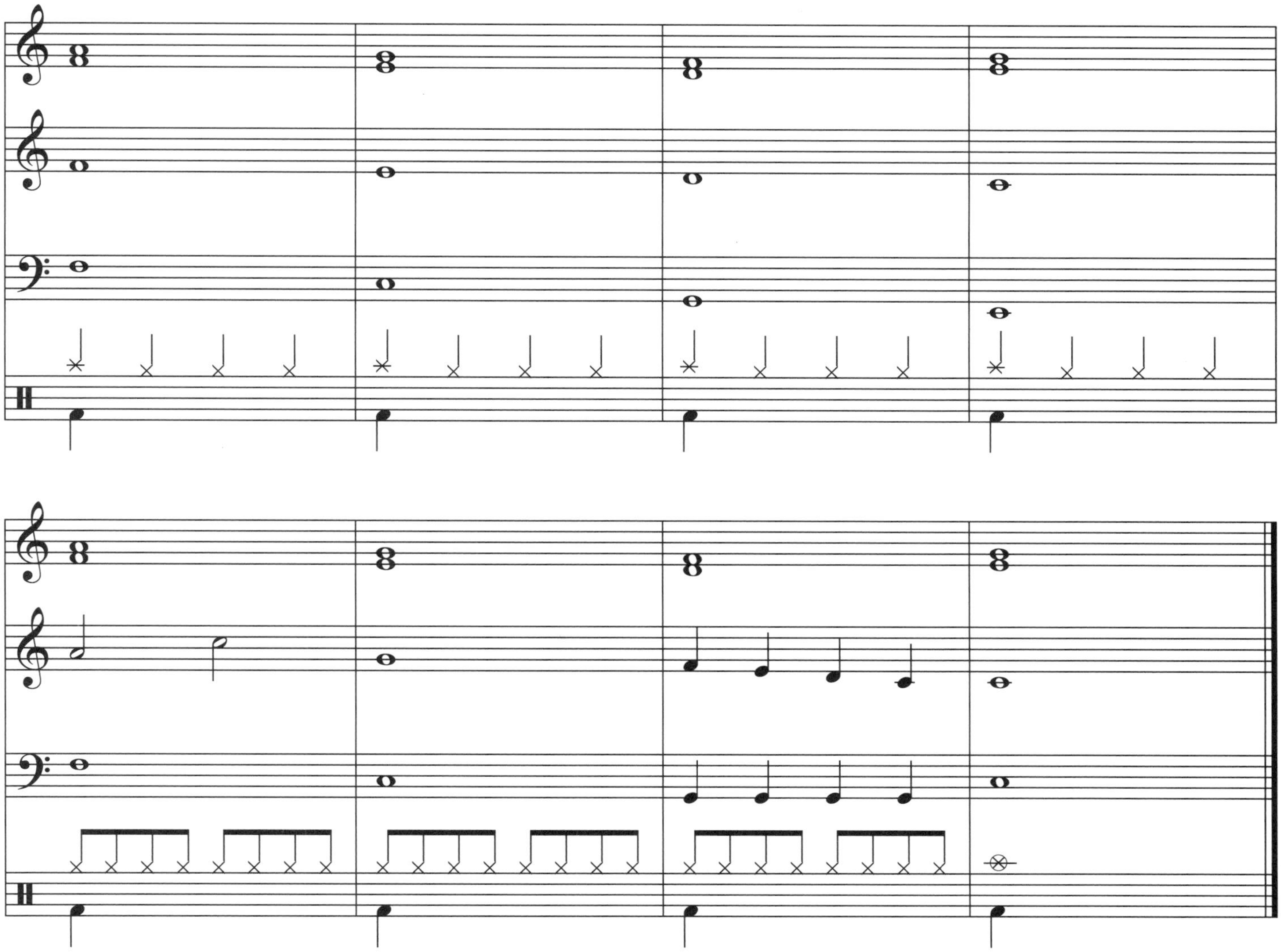

Como ya tienes una idea de cómo se lee una partitura, trata de leerla siguiendo la música con el CD. Si no lo entiendes bien, repasa las páginas anteriores. Recuerda marcar y contar el tiempo, seguir cada uno de los instrumentos, fijarte si la nota sube o baja y tocar tu instrumento junto con el grupo.

7 LA ESCALA DE DO

Así se forma la escala de Do mayor. La escala de Do es la básica y la primera escala que vamos a aprender. Las notas son Do Re Mi Fa Sol La Si Do. Una escala se forma con 7 notas y repites la primera para tener un total de 8 notas. Ésta es una escala mayor. Fíjate en la pagina 13 que muestra que en medio de Do y de Re hay una tecla negra que es Do♯ o Re♭ ¿verdad? Ahora, Fíjate que en medio de Mi y de Fa no hay ninguna tecla negra. Tampoco hay ninguna tecla negra entre Si y Do. De esta manera se forma la escala de Do mayor, siguiendo el orden natural de las notas. Toca cada escala que aprendas varias veces con la derecha, con la izquierda y con las dos manos juntas y veras que bonito vas a tocar. La música esta hecha de escalas y acordes.

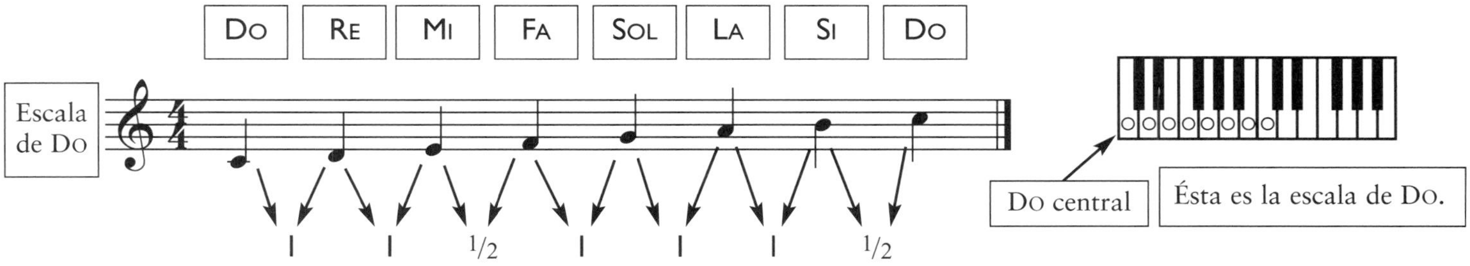

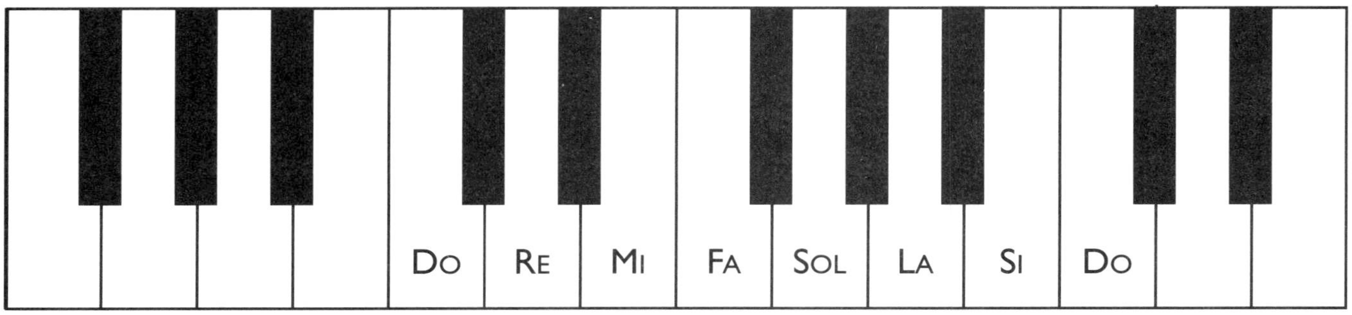

Dedos de la mano derecha → 1 2 3 1 2 3 4 5

El dedo gordo pasa por abajo del dedo 3.

El dedo 3 se pasa por arriba del dedo gordo.

Dedos de la mano izquierda → 5 4 3 2 1 3 2 1

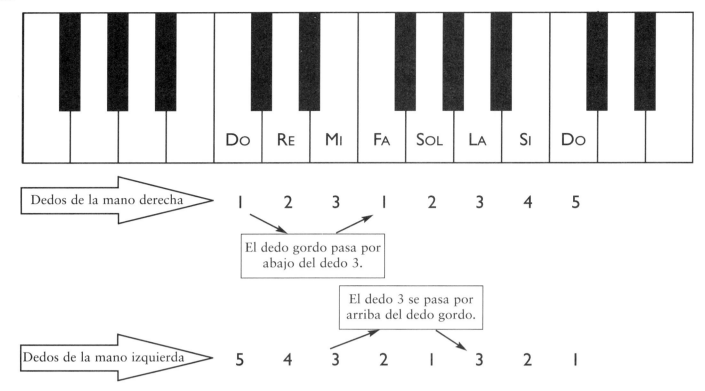

Cuando la mano derecha va de bajada, el dedo 3 pasa por arriba del dedo gordo. Repite esto hacia arriba y hacia abajo sin parar. Cuando la mano izquierda va de bajada, el dedo gordo pasa por debajo del dedo 3, Repite esto hacia arriba y hacia abajo sin parar. Practica esta escala muchas veces todos los días.

ARMONÍA EN EL TECLADO

Intervalos

3ra Mayor

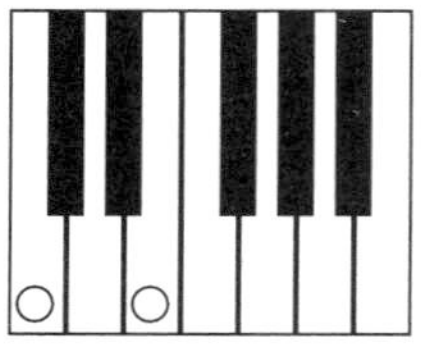

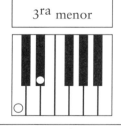

De Do a Mi hay una 3ra Mayor. Porque hay 5 notas de distancia. Do-Do♯-Re-Re♯-Mi

3ra menor

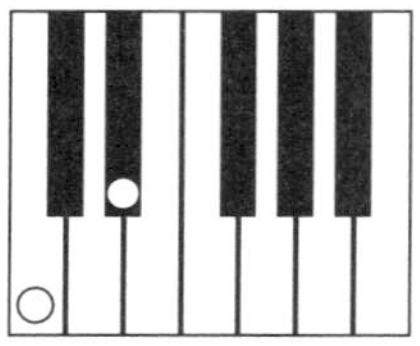

De Do a Mi♭ hay una 3ra menor. Porque hay 4 notas de distancia. Do-Do♯-Re-Mi♭

2da Mayor

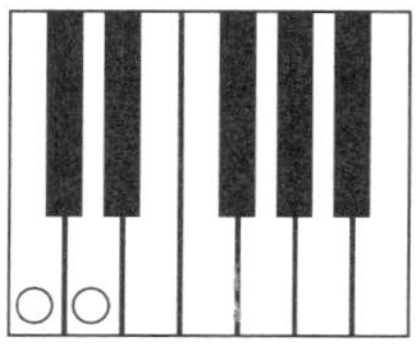

De Do a Re hay una 2da Mayor. Porque hay 3 notas de distancia. Do-Do♯-Re

2da menor

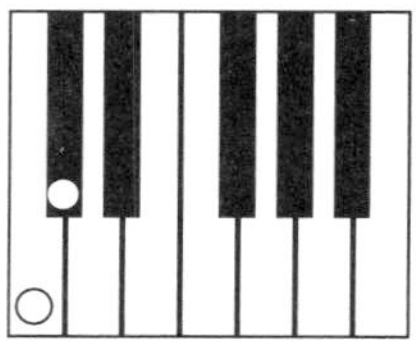

De Do a Re♭ hay una 2da menor. Porque hay 2 notas de distancia. Do-Re♭

Cuando es la misma nota, de Do a Do se le llama *unísono*. (Un solo sonido).

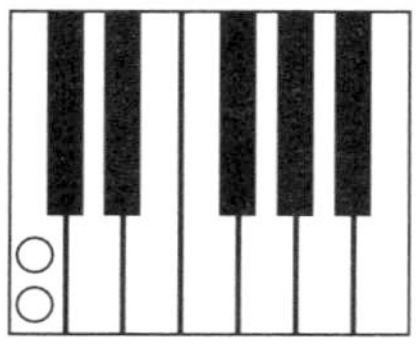

Cuando es de un Do al otro Do más alto se le llama una *octava*. (La distancia que hay entre 8 notas).

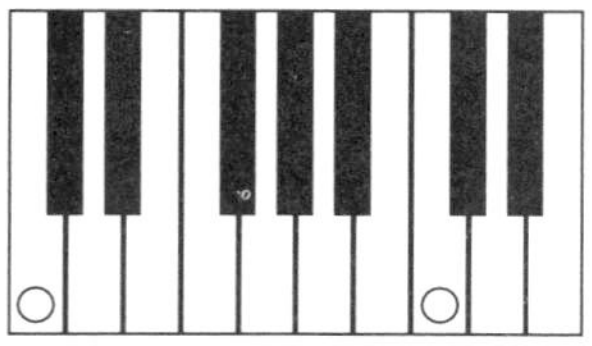

**Nota*: Aunque el intervalo de octava tiene 13 notas (Do-Do♯-Re-Re♯-Mi-Fa-Fa♯-Sol-Sol♯-La-La♯-Si-Do), se le llama octava porque sólo se cuentan las notas sin los sostenidos. (Do-Re-Mi-Fa-Sol-La-Si-Do), por eso son 8 como en una escala. La *escala* son todas las 8 notas. El *intervalo* es la distancia entre dos notas.

8 RANCHERA

9 RANCHERA (GRUPO)

Con todo lo que ya has leído hasta esta página, puedes poder seguir esta partitura con facilidad.

Mira y escucha lo que hace el teclado. Luego, trata de escuchar lo que hace la guitarra y de seguir al bajo y el ritmo de la batería.

Practica escuchando música de esta manera muchas veces y aprenderás bastante.

Escucha las canciones una y otra vez. No solamente toques el instrumento. El conocimiento musical requiere además de la práctica del instrumento, la comprensión de la teoría musical. Asegúrate de entender todo bien antes de seguir adelante.

C
G
Pentagrama
Teclado
Pentagrama
Guitarra
Pentagrama
Bajo
Pentagrama
Batería
Pentagrama
Teclado
Pentagrama
Guitarra
Pentagrama
Bajo
Pentagrama
Batería
C
G
C
Pentagrama
Teclado
Pentagrama
Guitarra
Pentagrama
Bajo
Pentagrama
Batería

10 TU DULCE AMOR

Ésta pequeña balada es muy fácil. Observa que cuanto más estudias, más fácil es tocar canciones. Te voy a dar una pequeña ayuda para tocar las notas; pero definitivamente, tienes que aprender la posición y el nombre de las notas.

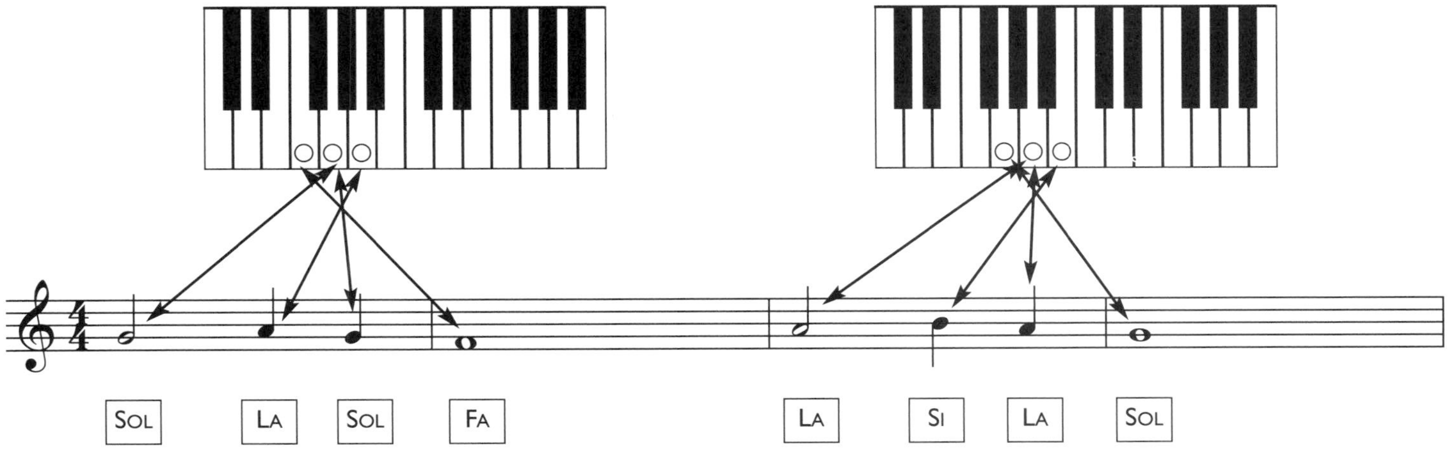

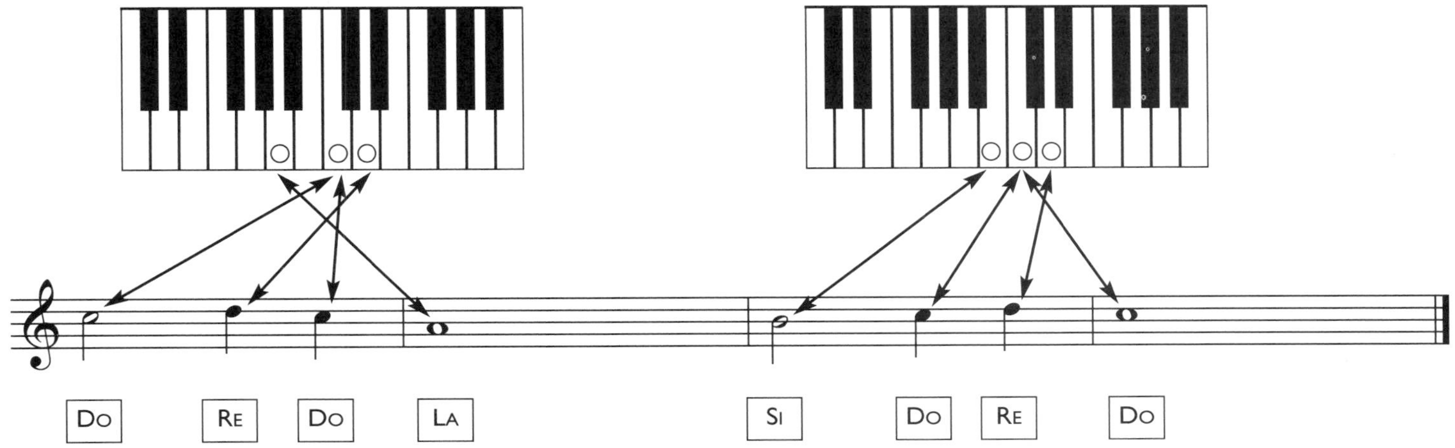

Importante

La mejor forma de leer las notas es ésta.

1. Memoriza el orden de todas las notas: Do [Do♯ o Re♭] Re [Re♯ o Mi♭] Mi Fa [Fa♯ o Sol♭] Sol [Sol♯ o La♭] La [La♯ o Si♭] Si Do.
2. Fíjate si las notas que lees van hacia arriba o hacia abajo, o si hay saltos.
3. Estudia siempre despacio. cuanto más despacio estudies, más rápido aprenderás.
4. Practica mucho.

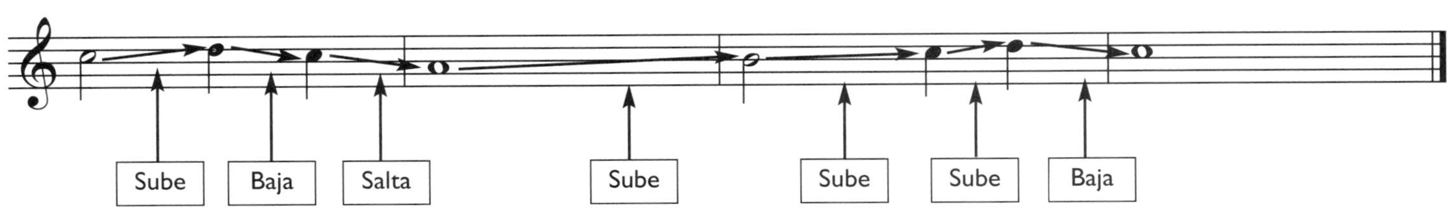

11 TU DULCE AMOR (GRUPO)

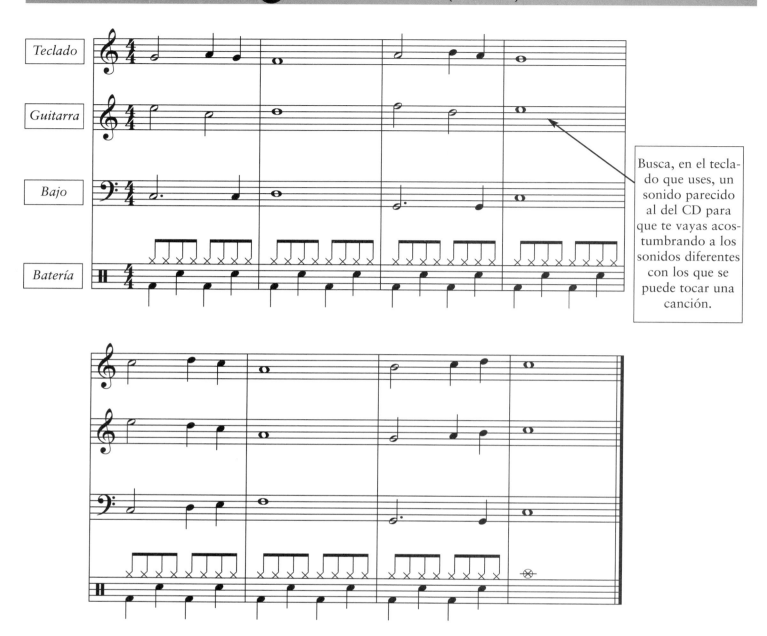

Busca, en el teclado que uses, un sonido parecido al del CD para que te vayas acostumbrando a los sonidos diferentes con los que se puede tocar una canción.

12 LA ESCALA DE SOL

Así se forma la escala de Sol mayor. Tomas como base la escala de Do mayor, (pág. 20), y la divides en dos poniendo las últimas 4 notas en otro pentagrama más arriba. En el segundo pentagrama le agregas 4 notas para tener 8 notas; de Sol a Sol. El orden tiene que ser el mismo en las dos escalas, por eso tienes que agregar el ♯ (sostenido) al Fa, para que tenga el mismo orden. Entonces resulta una nota nueva: el Fa♯ (Fa sostenido).

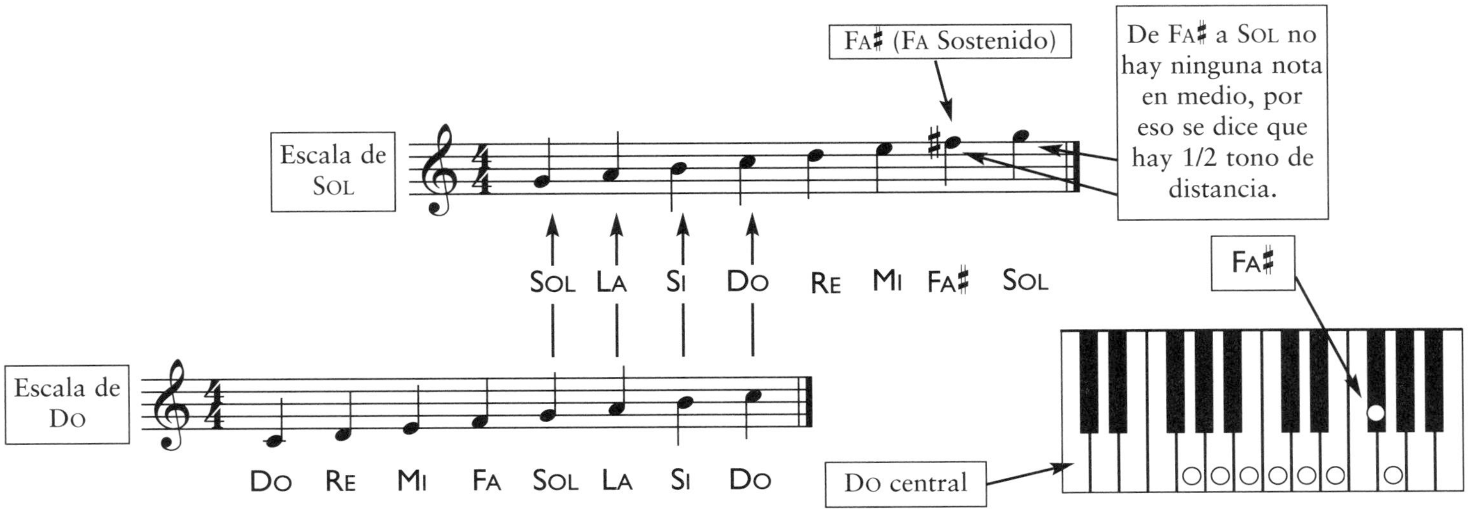

Algunas veces, cuando tocas una canción, hay partes de la música que se repiten exactamente igual. Para no tener que volver a escribir la misma música dos veces, simplemente la tocas una vez y repites lo mismo fijándote en los signos de repetición.

Cuando veas este signo 𝄆 Tocas la música hasta que encuentres este otro 𝄇 Entonces, vuelves de nuevo al signo 𝄆 y vuelves a repetir la misma música. Eso quiere decir que: *toda la música que esté en medio de este signo 𝄆 y este signo 𝄇 se tiene que repetir.*

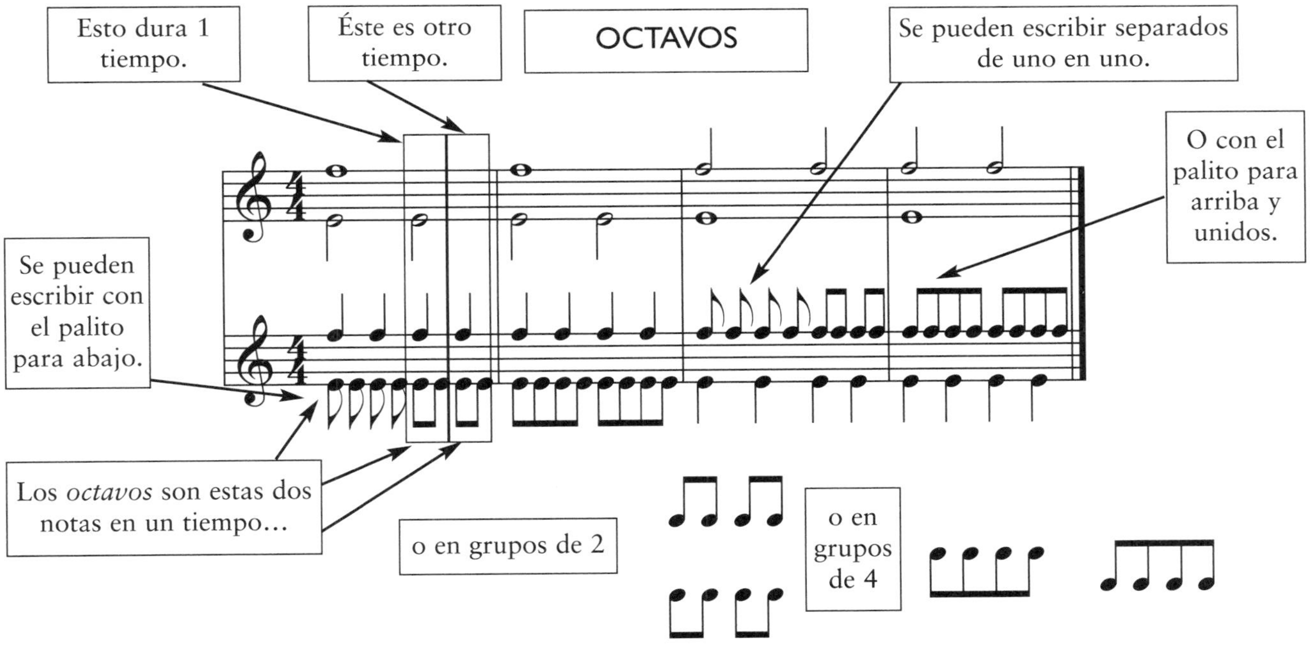

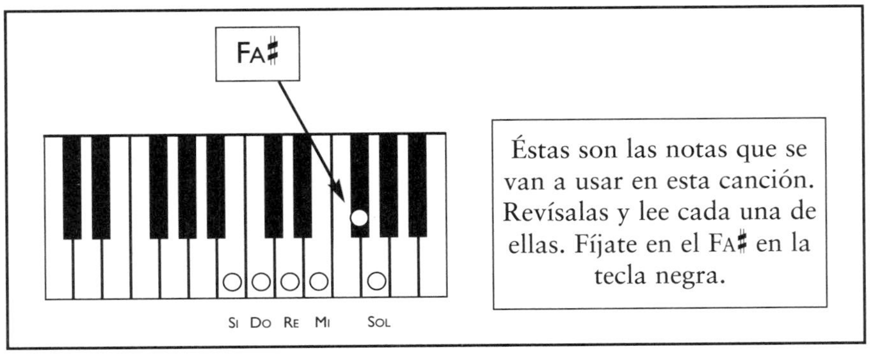

13 AMANECER

Una cosa importante en esta canción es tocar los octavos de forma pareja. Algunos estudiantes tienen problemas para tocar dos octavas de forma pareja cuando empiezan a tocar, las tocan más rápido de lo debido, o las tocan lento, como si fueran notas de un tiempo de duración. Escucha el CD y hazlo igualito que el CD. Siempre toca la música varias veces, una en el teclado solo y luego con el grupo. Recuerda que la canción se repite porque tiene las barras de repetición. Además la canción tiene la armadura de Sol, o sea que el Fa es sostenido. Recuerda que eso significa que si la música tiene una nota de Fa, cada una de esas notas se toca en la tecla negra del piano, o sea Fa♯. Siempre que vayas a tocar una canción, analízala primero y examina qué notas vas a tocar y en qué tono está, de esa forma se te va a hacer mas fácil al empezar a tocarla.

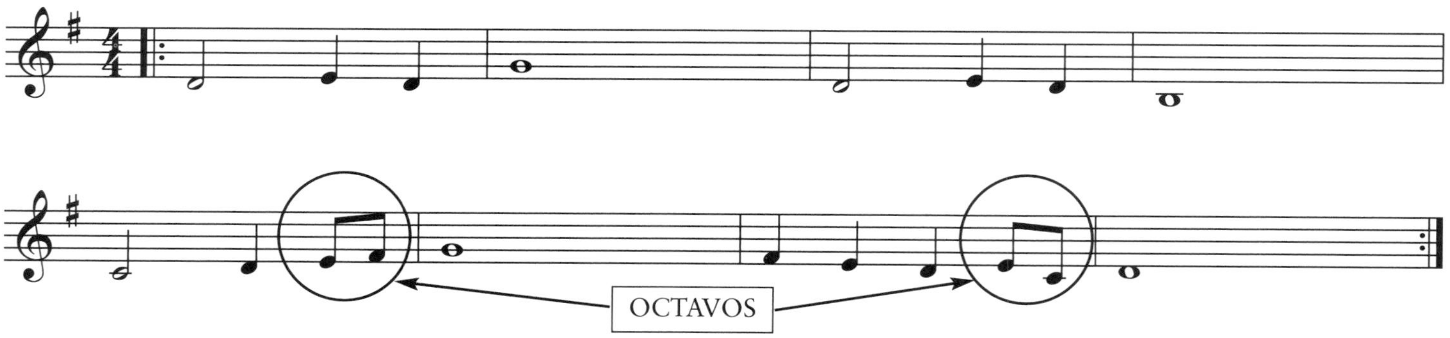

14 AMANECER (GRUPO)

Ya debes poder leer el pentagrama de esta canción más o menos bien. Sigue escuchando el CD y practica mucho.

15 SOLAMENTE DOS VECES

Éstas son las notas que vas a tocar en esta canción. Es la escala de SOL. Con esta escala puedes tocar miles de canciones. Ésta es sólo una de ellas. Fíjate cómo las notas van para abajo, para arriba, suben, bajan, saltan o siguen. Observa que en toda esta canción se usa sólo una escala.

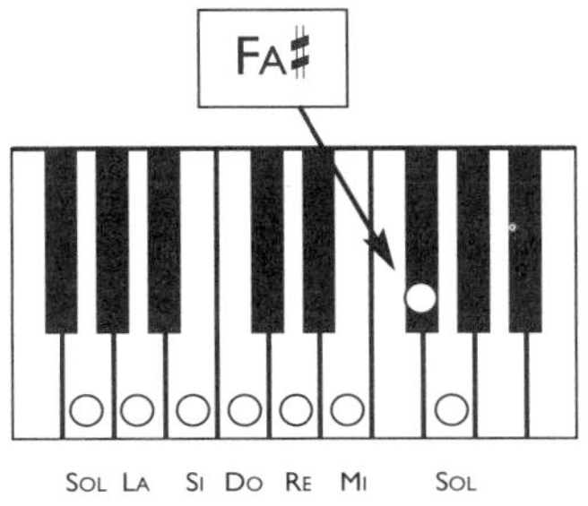

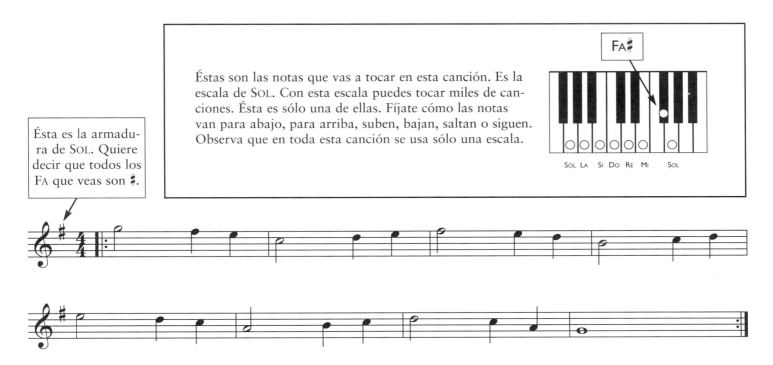

Ésta es la armadura de SOL. Quiere decir que todos los FA que veas son ♯.

16 SOLAMENTE DOS VECES (GRUPO)

17 EL CHA CHÁ

Esta es de las primeras canciones moviditas que vas a tocar en este libro. Ahora, vas a practicar un poco más el ritmo de las corcheas. Ten cuidado de poner siempre los dedos en la posición correcta. Fíjate en el teclado de la derecha para que veas las notas que se van a usar en esta canción. Escucha el CD y lee las notas en el pentagrama. Si haces todo eso podrás tocar esta bonita canción de ritmo bailable.

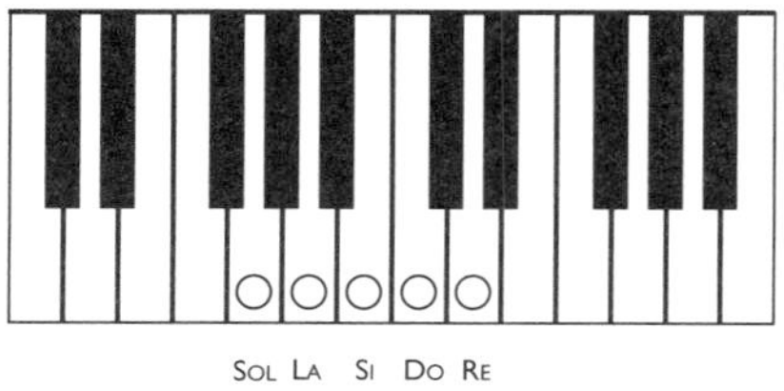

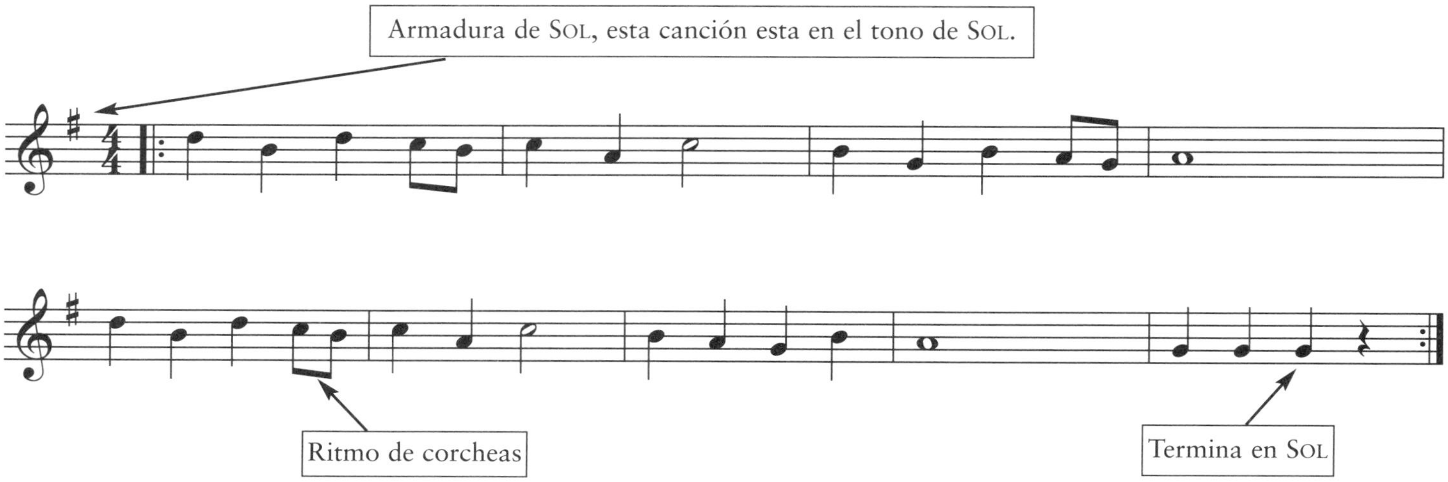

18 EL CHA CHÁ (GRUPO)

Si quieres aprender un poco más, trata de leer y tocar lo que hace la guitarra. En las páginas 10 y 11 está el orden de las notas. Puedes saber cuál nota es si cuentas las líneas y los espacios del pentagrama.

Si ya sabes que esta nota es Re
y está en la línea…
y quieres saber qué nota es ésta
usa el orden de las notas.
Línea = Re
Espacio = Mi
Línea = Fa
Espacio = Sol
Línea = La
etc. etc . etc.

19 TODO POR TI

ANACRUSA

La anacrusa ocurre cuando la música no comienza en el primer tiempo. Empiezas a contar y comienzas a tocar antes del primer tiempo del siguiente compás.

Éste es el primer tiempo del siguiente compás.

A esto se le dice anacrusa.

Todo los compases tienen que tener el tiempo completo, si no hay notas tiene que tener un silencio. En la anacrusa se eliminan los silencios. Observa que comienza directamente con las notas. Ahí no hay silencios.

La música comienza antes del compás. En este caso comienza en el cuarto tiempo.

20 TODO POR TI (GRUPO)

Leer música, es decir ver la partitura general, es como probar una comida, con la receta exacta de los ingredientes. Si a uno le gustó la comida, es muy fácil volverla a hacer. Pero si no vemos la receta, solamente vamos a estar adivinando lo que tiene. Ocurre lo mismo con la música. Sin ver las notas, sólo adivinamos lo que es. Si todavía no hemos desarrollado el oído musical, no vamos a saber cuáles notas son. Por eso es bueno acostumbrarse a leer la música, escuchar y ver las notas al mismo tiempo. Si lo haces vas a aprender música mucho más rápido.

Negra Con Puntillo

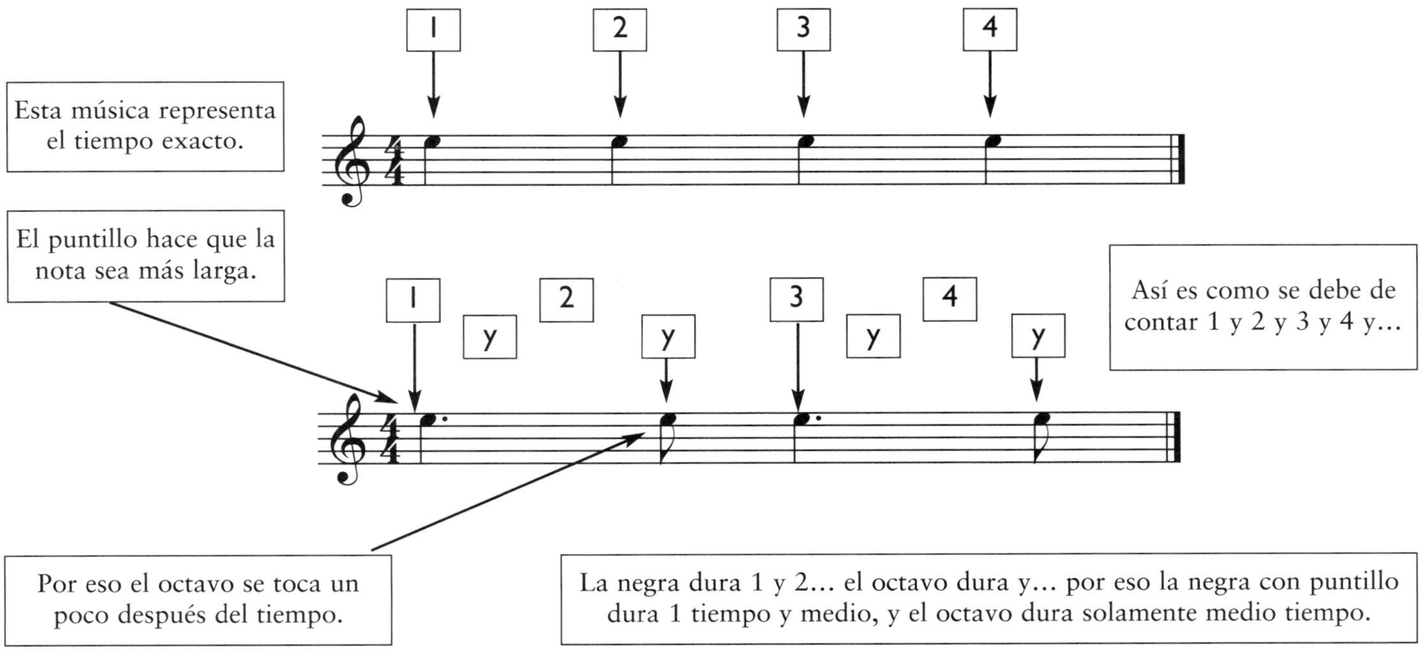

21 NO COMPRENDO

El título de la canción es "No comprendo." Creo que para estas alturas, ya comprendes muy bien lo que debes hacer. Conoces la ligadura, que alarga el sonido. Ya sabes lo que es la anacrusa, cuando empiezas antes del primer tiempo. Ya has visto el ritmo de negra con puntillo. Comprendes lo que son las notas, los tiempos, etc. Entonces, ¡a tocar esta canción! Estoy seguro que puedes decir: «sí comprendo».

23 CÍRCULO DE DO

Un *circulo* es una *progresión*; es decir un acorde y luego otro y otro y otro, así, hasta repetir el primero otra vez. El círculo de DO es muy común, y se usa en miles de canciones. Toca estos acordes en este orden y verás que la progresión se parece a muchas canciones que ya has oído.

Practica con la mano derecha y con la mano izquierda por separado. Después, trata de tocar las dos manos al mismo tiempo.

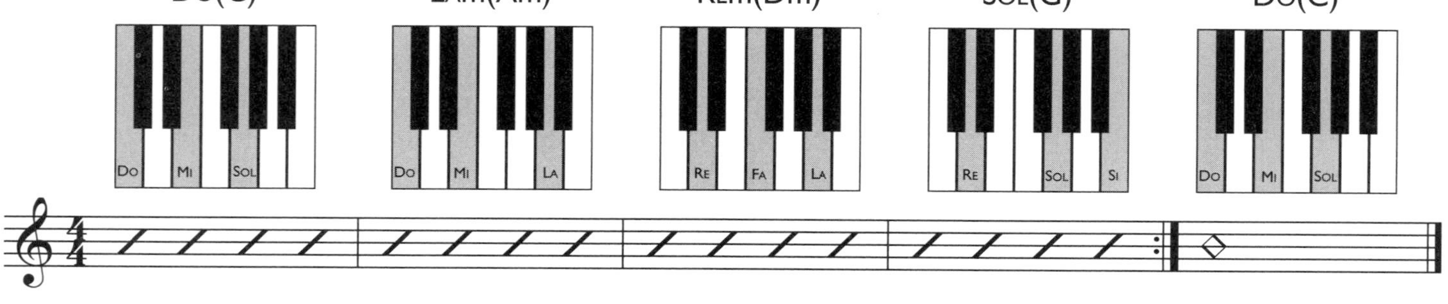

22 NO COMPRENDO (GRUPO)

Casi puedo asegurar que has dicho «sí comprendo» esta partitura, ¿verdad?

24 LA ESCALA DE RE

Así se forma la escala de RE mayor. Tomas como base la escala de SOL mayor, y la divides en dos poniendo las ultimas 4 notas en otro pentagrama más arriba. En el segundo pentagrama le agregas 4 notas para tener 8 notas, de RE a RE. El orden tiene que ser el mismo en las dos escalas, por eso, tienes que agregar el ♯ (sostenido) al DO, para que tenga el mismo orden. Entonces resulta una nota nueva: el DO♯ (DO sostenido).

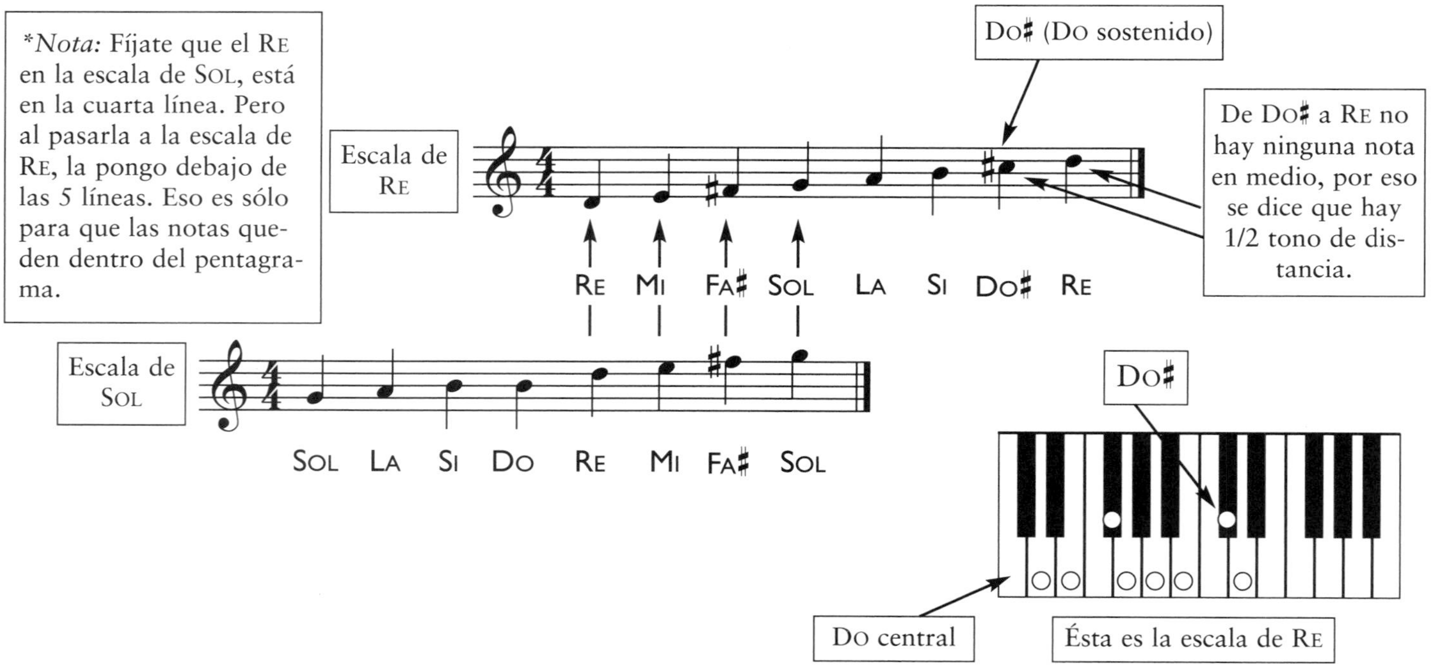

25 BACH NORTEÑO

Ya estás mas avanzado. Esto quiere decir que ahora las canciones serán un poco más largas y con más notas. Esta canción está en el tono de Do. ¡Dale duro y practica mucho!

Esta canción se compuso hace más de 300 años y todavía se toca. ¿Opina?

Éstas son las notas que se van a usar en esta canción. Trata de mantener la mano siempre en forma de arco, como si estuvieras agarrando una pelota de tenis. ¡No pongas los dedos planos!

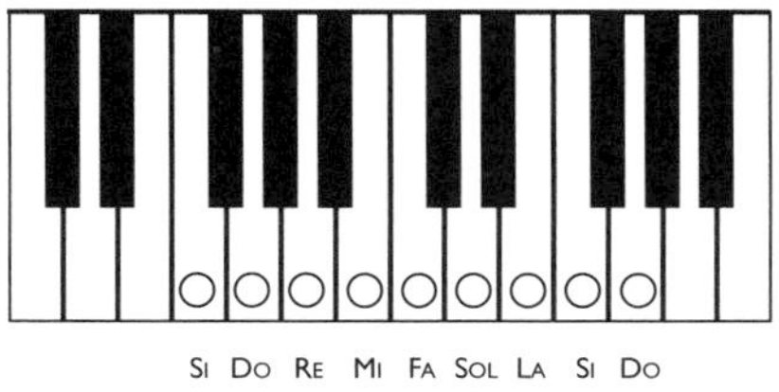

26 BACH NORTEÑO (GRUPO)

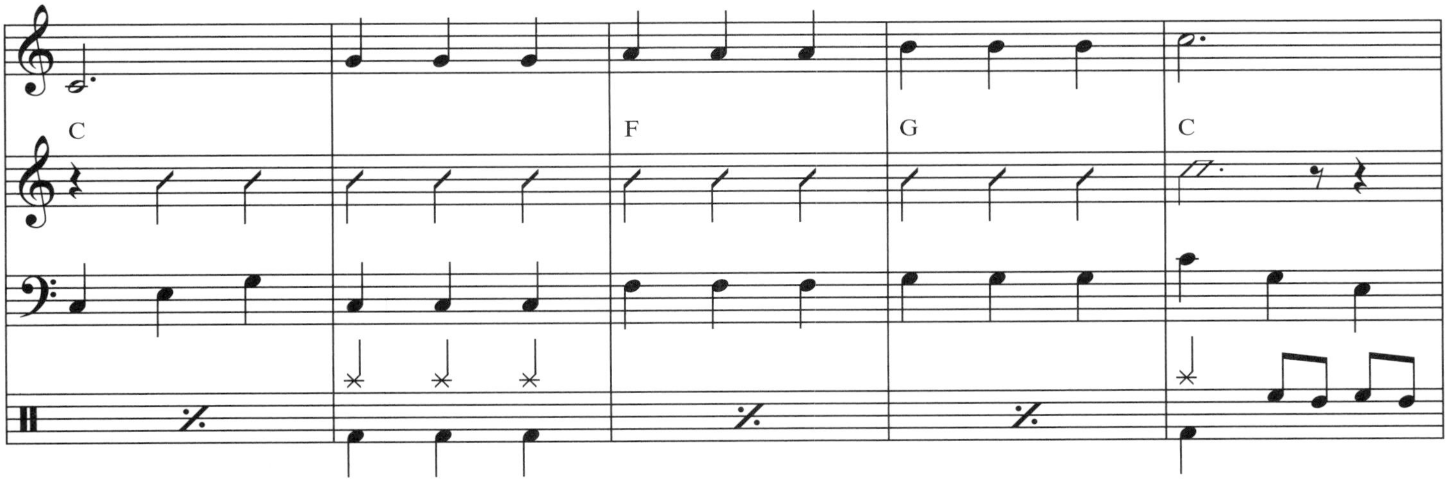

¿Te das cuenta como cada vez es más fácil leer las notas y ver la partitura completa? No es tan difícil como pensabas, ¿verdad? Bueno, pues esto es lo que te va a enseñar a oír y leer música y, por supuesto, a tocar. Trata de tocar con tu instrumento la melodía y las notas de todos los demás. Para la batería puedes hacer el sonido con la voz. ¡Recuerda escuchar el CD una y otra vez!

27 CÍRCULO DE SOL

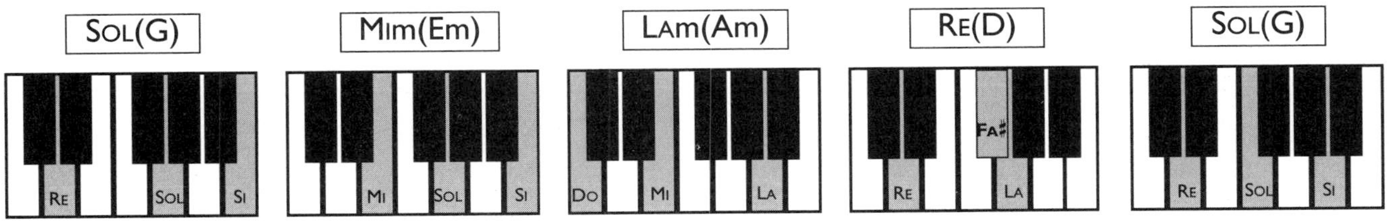

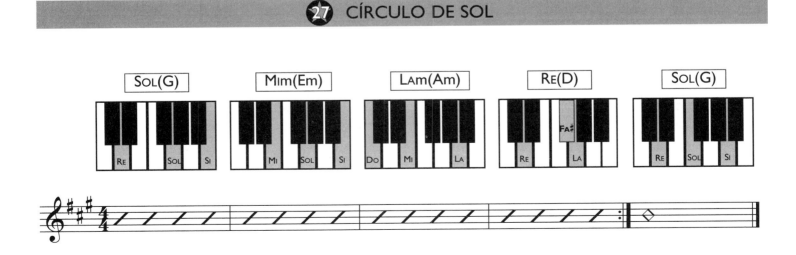

28 UN VELERO EN CHAPALA

En esta canción hay dos tipos de sonidos: piano y violín. Para dar más variedad a la música se usan diferentes sonidos. Como el teclado puede hacer varios sonidos, vamos a utilizar dos de ellos.
Los primeros 4 compases son de piano y los demás de violín. Si tienes un amigo que también toque teclado, pueden tocar entre los dos. Cada uno puede tocar un instrumento diferente y de esa forma la música se oye cada vez mas completa y variada. ¿Preparado? ¡Pues adelante!

Ésta es la parte del teclado o piano.

En este silencio aprovechas para cambiar el sonido en el teclado.

Recuerda que estas notas duran 8 tiempos.

Porque éstas no se tocan.

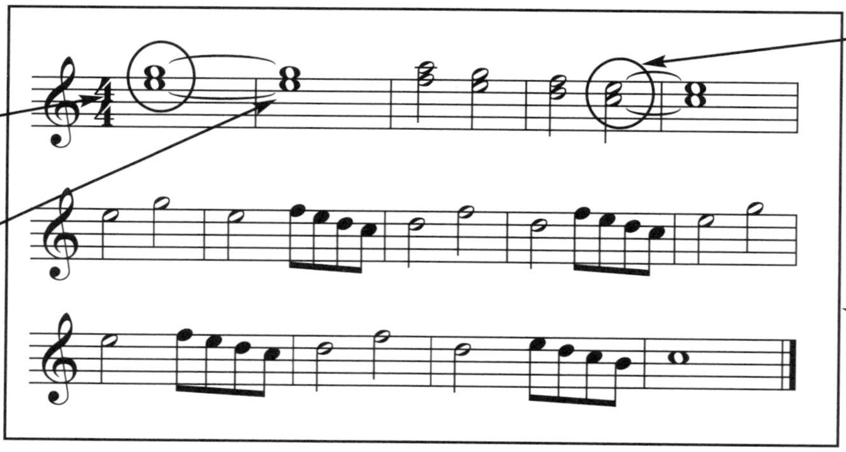

Estas notas duran 6 tiempos.

Ésta es la parte del violín.

29 UN VELERO EN CHAPALA (GRUPO)

30 LA ESCALA DE LA

Así se forma la escala de LA mayor. Tomas como base la escala de RE mayor, (pág. 34), y la divides en dos. Pones las últimas 4 notas en otro pentagrama más arriba. En el segundo pentagrama le agregas 4 notas para tener 8 notas, de LA a LA. El orden tiene que ser el mismo en las dos escalas, por eso tienes que agregar el ♯ (sostenido) al SOL, para que tenga el mismo orden. Entonces resulta una nota nueva: el SOL♯ (SOL sostenido).

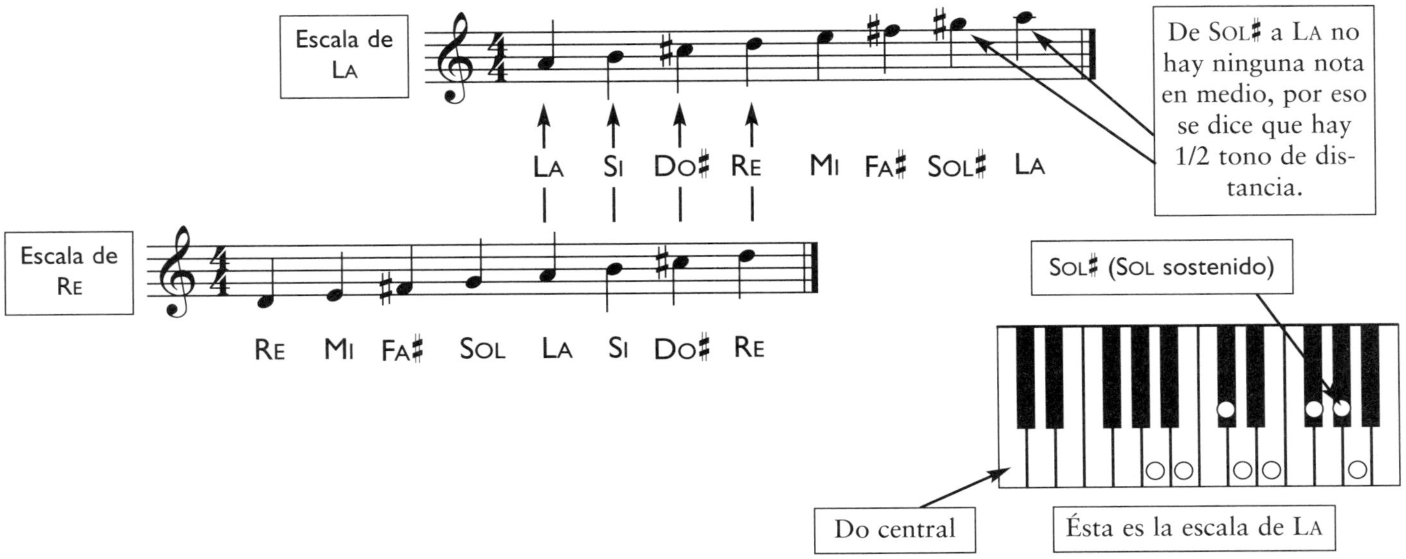

31 VOLVERÉ OTRA VEZ

Aquí se usa el círculo de SOL. Cada 4 compases la música es un poco diferente, va variando el ritmo. A este tipo de música se le llama variaciones y es muy popular en la música. A estas alturas ya debes de conocer perfectamente lo que tienes que hacer. ¡Practica mucho!

32 VOLVERÉ OTRA VEZ (GRUPO)

Éste es un buen ejemplo de variaciones. Escúchalo varias veces. Después, vas a poder tocar melodías diferentes de las que están aquí. ¡Enhorabuena por llegar hasta aquí!

33 CÍRCULO DE LA

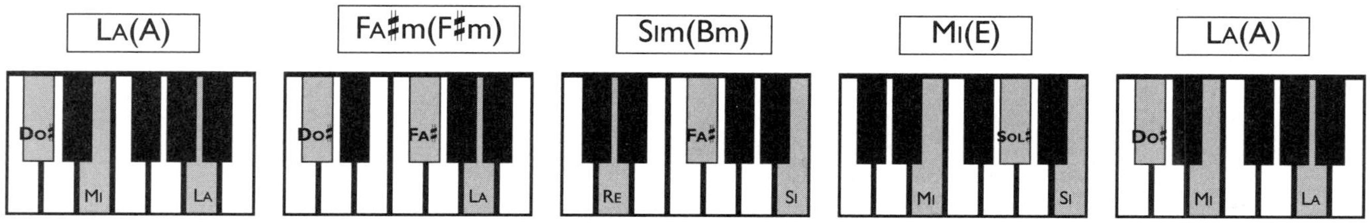

34 EL *ROCK* DE LA ESCUELA

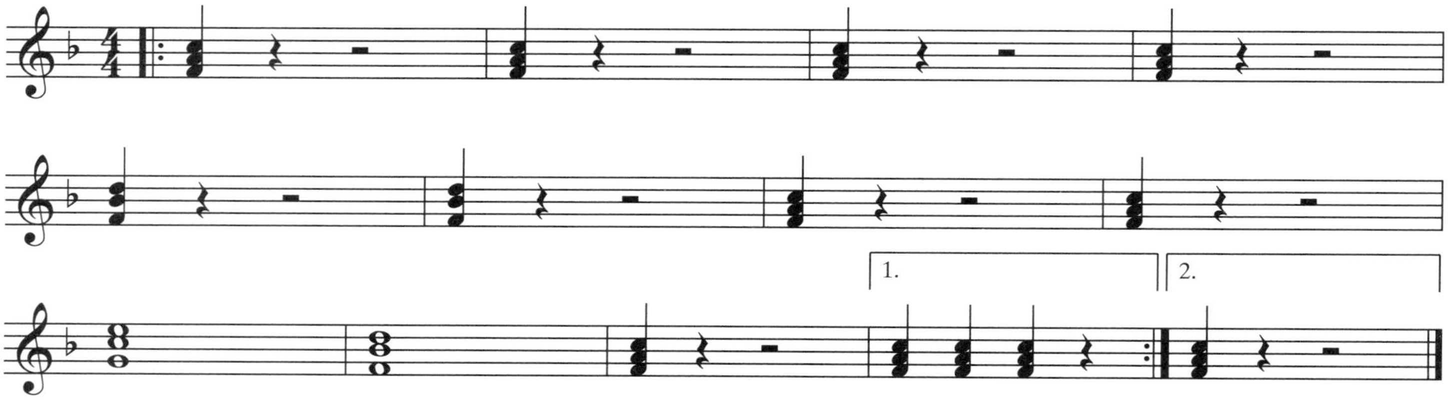

Recuerda las casillas de repetición. Los acordes son sencillos pero tócalos a tiempo. Recuerda que la canción se repite. Escucha el CD y prepárate para la siguiente lección que trata de la velocidad.

35 EL *ROCK* DE LA ESCUELA (GRUPO)

Como puedes ver, ya vas muy adelantado. ¿Verdad que no te imaginabas que ibas a leer y entender la música tan rápidamente? ¡Atrévete con la siguiente lección sobre la velocidad!

VELOCIDAD

Cualquier persona puede tocar un instrumento musical. Cualquiera puede tocar la canción más difícil del mundo siempre y cuando la canción se toque de forma exageradamente *lenta.* El problema está cuando hay que tocarla *a la velocidad que indica el tiempo.* La *velocidad* es un factor muy importante cuando se quiere tocar un instrumento. La única manera de obtener velocidad es a través de la *repetición* y *la práctica.*

Ya debes de poder tocar más o menos bien las siguientes canciones. Vamos a poner la canción *lenta* primero con el instrumento solo, y luego *lenta* con el grupo. Después viene la canción *rápida* con el instrumento solo, y por último *rápida* en grupo. De esa forma vas a notar que a medida que la velocidad sube, cuesta más trabajo tocar la canción.

Algunas canciones se van a oír mejor rápido que lento, o al revés. La idea es que toques lo mismo de las dos maneras para que notes la diferencia.

Otro punto importante de esta lección son los *ritmos diferentes*, es decir: *norteño*, *rock*, *balada*, *banda*, *mariachi* y *grupero*. De esa manera, puedes ver qué diferente es el uno del otro, y como tocar cada uno de ellos. Fíjate que algunas veces para que una canción se oiga más «completa» utilizas más instrumentos. En los estudios de grabación se puede «doblar» un instrumento; lo cual quiere decir que una persona toca un instrumento para que luego la misma persona toque en otro canal el mismo instrumento, así se oyen los dos instrumentos tocados por una sola persona. En esta lección tocas una vez con un instrumento y luego con otro. De esa forma, puedes tocar casi todo lo que hay en la canción.

Improvisa; inventa cosas de acuerdo a lo que sabes. *Experimenta* con los ritmos y las melodías. Trata de tocar diferentes melodías en la misma canción. Por supuesto no olvides *¡Practicar, Practicar y Practicar!*

ACENTOS

Los *acentos* en la música quiere decir que el ritmo se corta en lugares adecuados para darle más importancia a ciertas partes de la música. En este compás de 4/4 por ejemplo hay un silencio en el segundo tiempo.

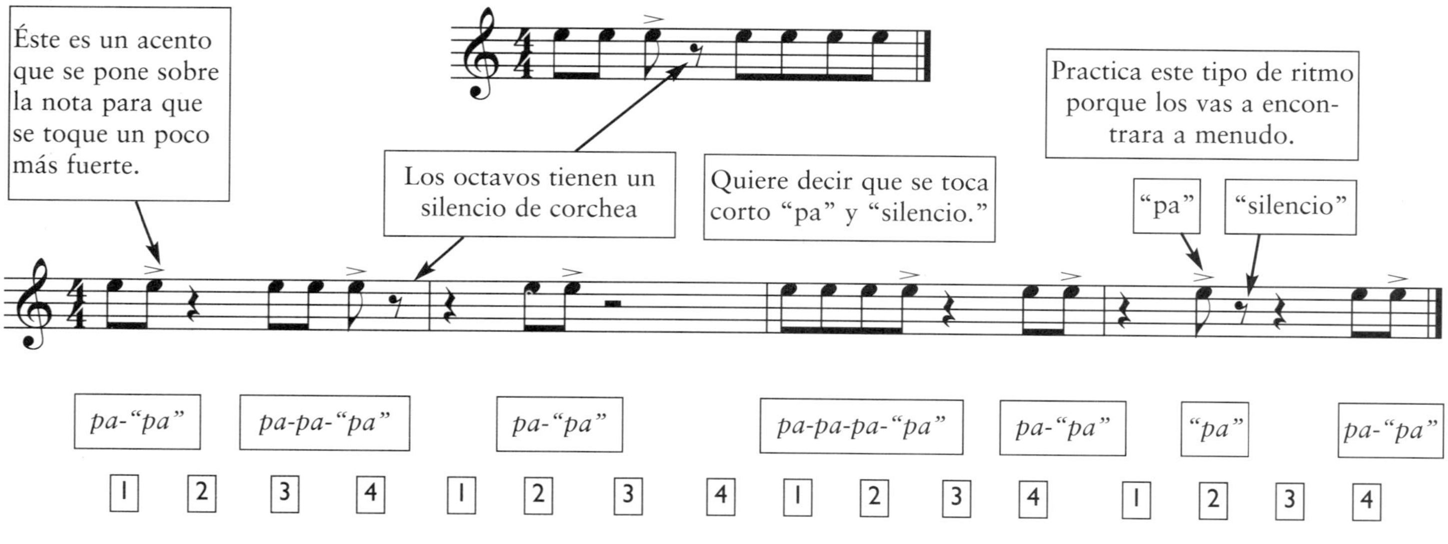

36 38 NORTEÑA DE MIS AMORES

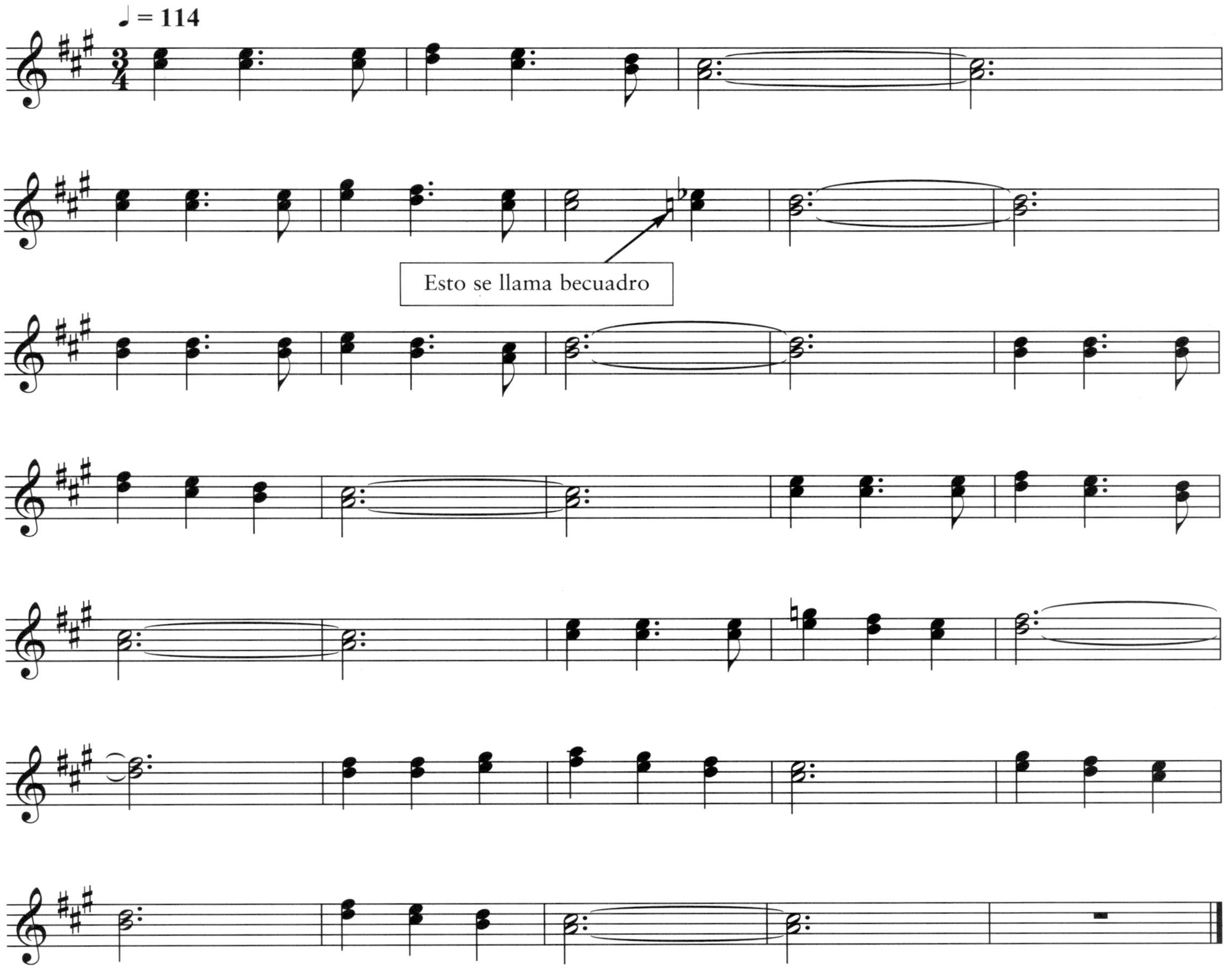

En el siguiente tema musical está la misma canción *Norteña de mis amores* pero a una velocidad mayor. La velocidad es de 170. Vas a notar como aun siendo la misma canción, cuesta mantener los dedos a esa velocidad. Si la tuvieras que tocar más rápido aún, por ejemplo a 200, imagínate…

Eso significa que solamente practicando vas a poder tocar canciones rápidas. Ten paciencia, practica y sigue estudiando música. Muchos quieren tocar canciones rápidas en seguida, pero es un poco difícil. Si practicas tus escalas diariamente los dedos se sueltan más y más hasta que llega el momento que tocas rapidísimo. ¡Estoy seguro que puedes llegar a ese nivel!

**Nota*: En esta lección de velocidad tocas la canción de forma lenta una vez y luego en grupo de forma lenta también. Después la vuelves a tocar otra vez pero más rápido, primero solo y luego con grupo.

37 39 NORTEÑA DE MIS AMORES (GRUPO)

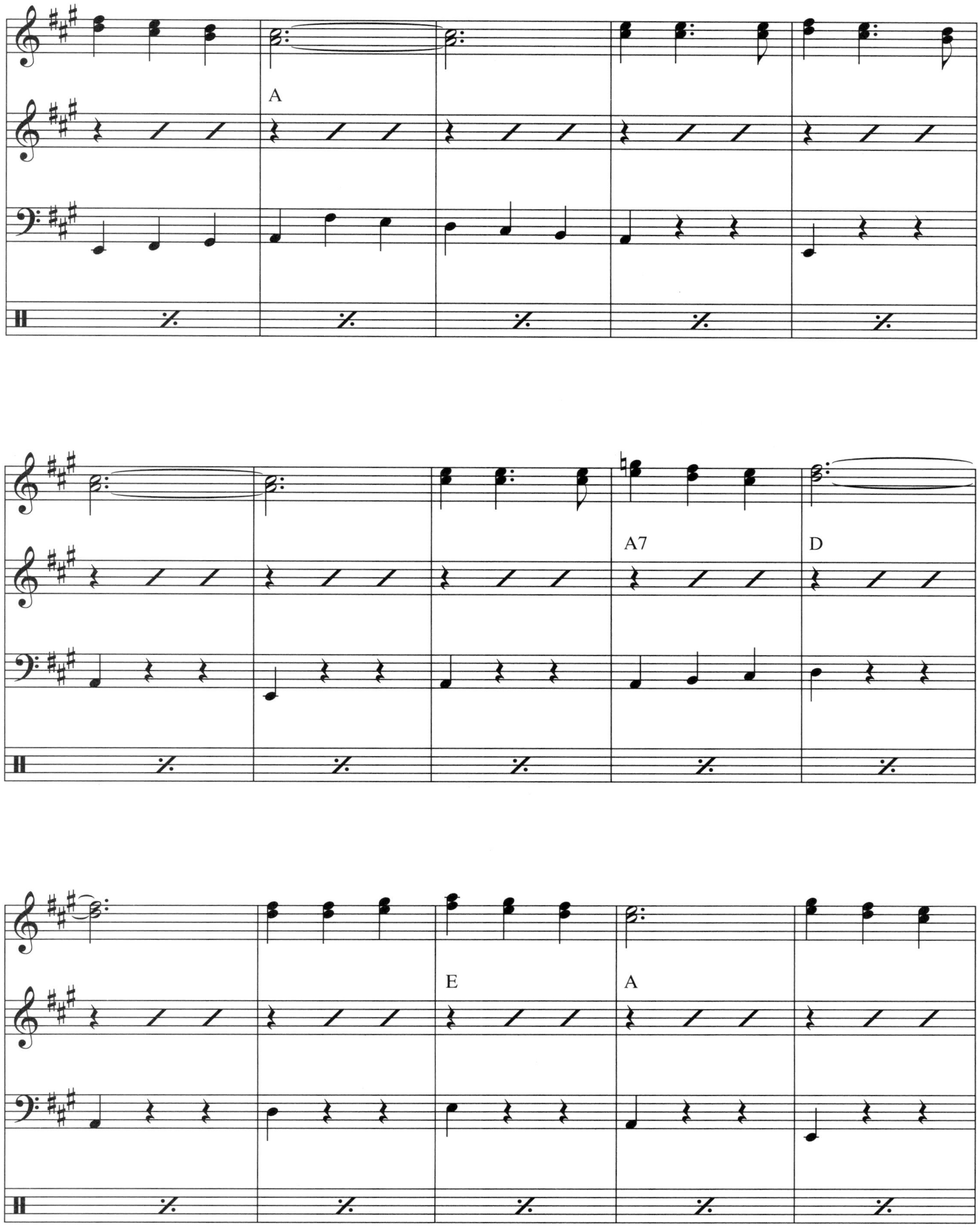

A
A7
D
E
A

Los dos temas musicales del CD muestran la misma música. Una vez es a una velocidad de 114 y la otra a 170, pero es la misma música.

40 LA ESCALA DE FA

Así se forma la escala de Fa mayor. Tomas como base la escala de Do mayor, y la divides en dos. Pones las primeras 4 notas en otro pentagrama más abajo. En el segundo pentagrama le agregas 4 notas para abajo para completar 8 notas, de Fa a Fa. El orden tiene que ser el mismo en las dos escalas, por eso tienes que agregar el ♭ (bemol) al Si, para que tenga el mismo orden. Entonces resulta una nota nueva: el Si♭ (Si bemol).

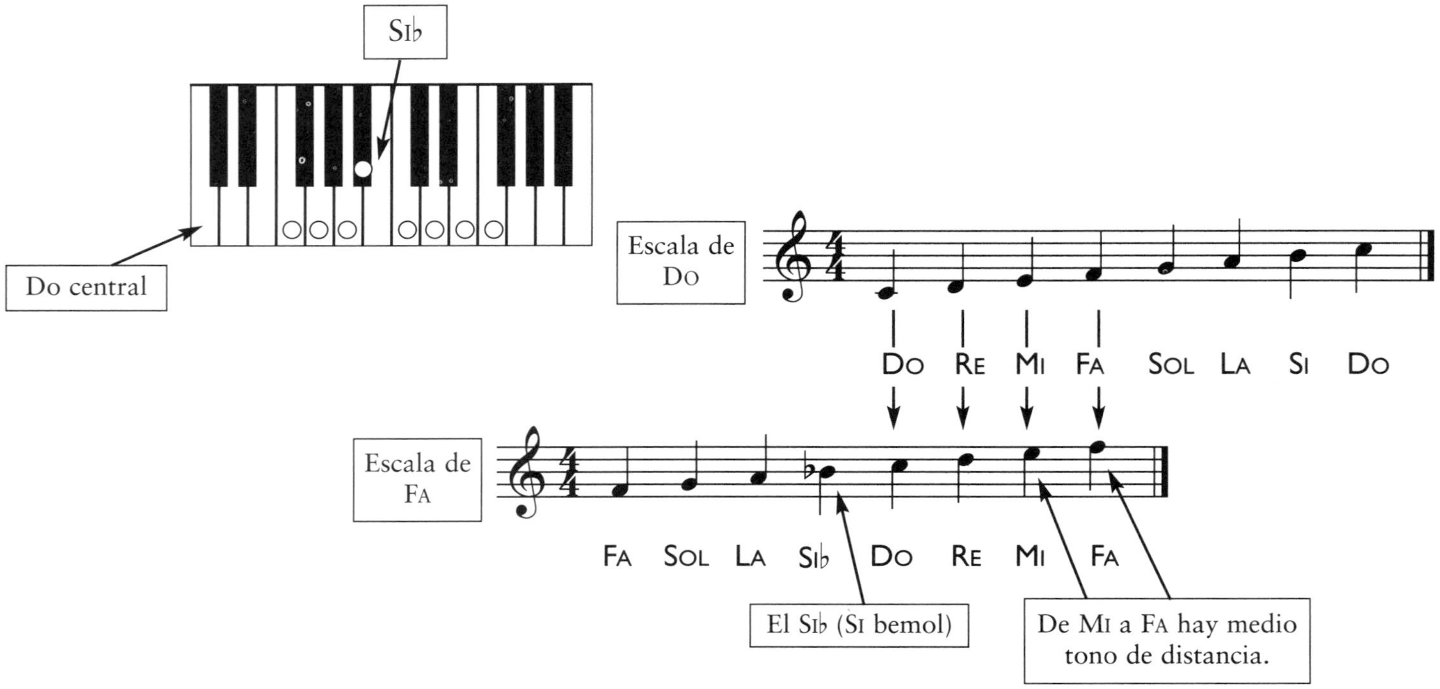

41 43 EL ROCK DE LA PIEDRA

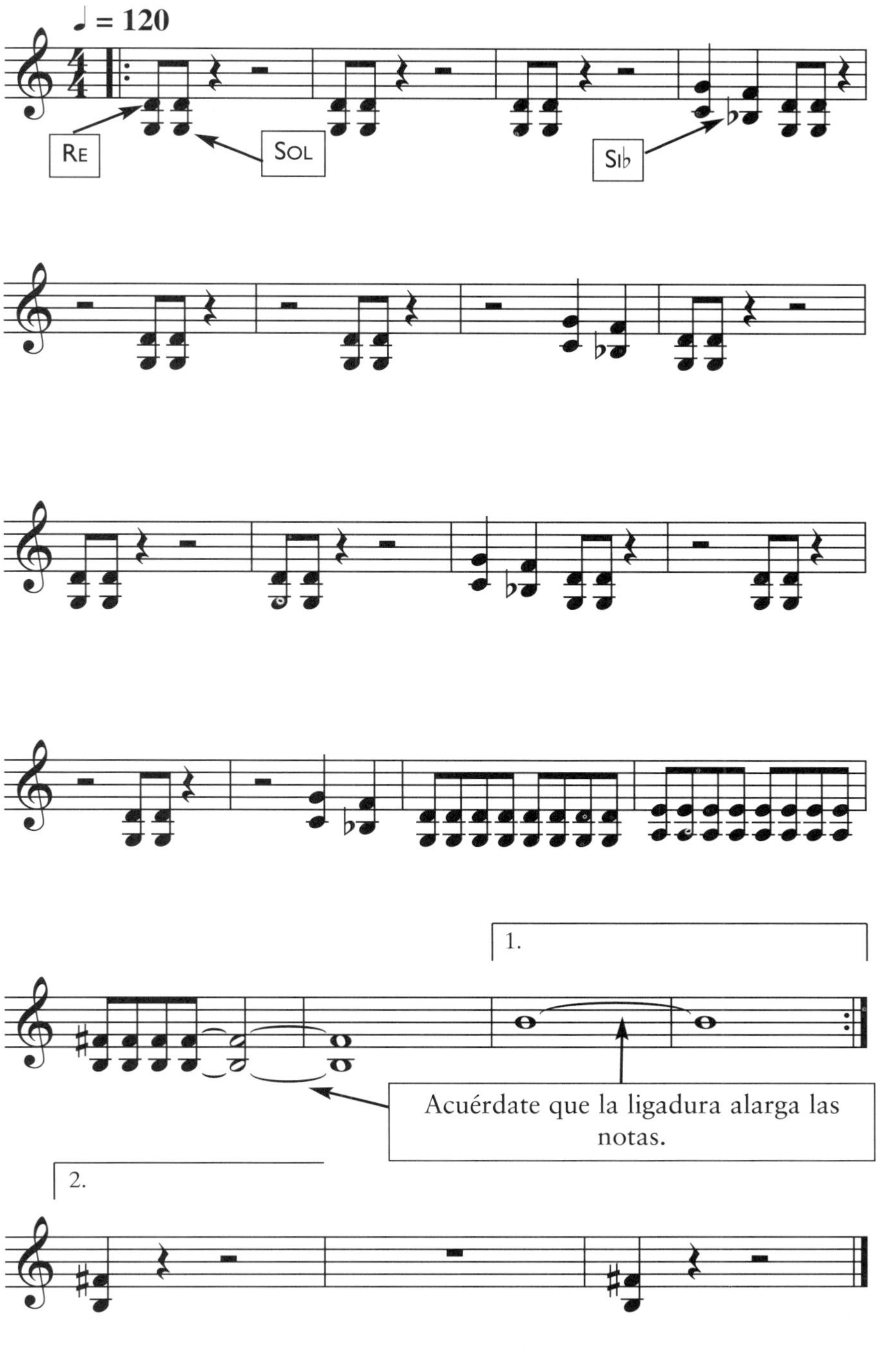

Como esta canción es de rock, usa un sonido de guitarra o de órgano eléctrico en el teclado.

TEMA MUSICAL 41: Velocidad de 120 solo la melodía, las notas son muy altas o agudas.

TEMA MUSICAL 42: La misma velocidad pero ahora junto con el grupo.

TEMA MUSICAL 43: Velocidad de 153, es la misma melodía pero mas rápido.

TEMA MUSICAL 44: Velocidad de 153, ahora todo el grupo en velocidad rápida.

Si lograste tocar esta canción completa, ¡Te Felicito! Y si te cuesta trabajo, repasa las canciones anteriores y toca mucho esta canción.

42 44 EL ROCK DE LA PIEDRA (GRUPO)

1.
2.

45 LA ESCALA DE SI♭

Así se forma la escala de SI♭ mayor. Tomas como base la escala de FA mayor y la divides en dos. Pones las primeras 4 notas en otro pentagrama más abajo. En el segundo pentagrama le agregas 4 notas para abajo, lo que hacen 8 notas; de SI♭ a SI♭. El orden tiene que ser el mismo en las dos escalas, por eso tienes que agregar el ♭ (bemol) al MI, para que tenga el mismo orden. Entonces resulta una nota nueva: el MI♭ (MI bemol).

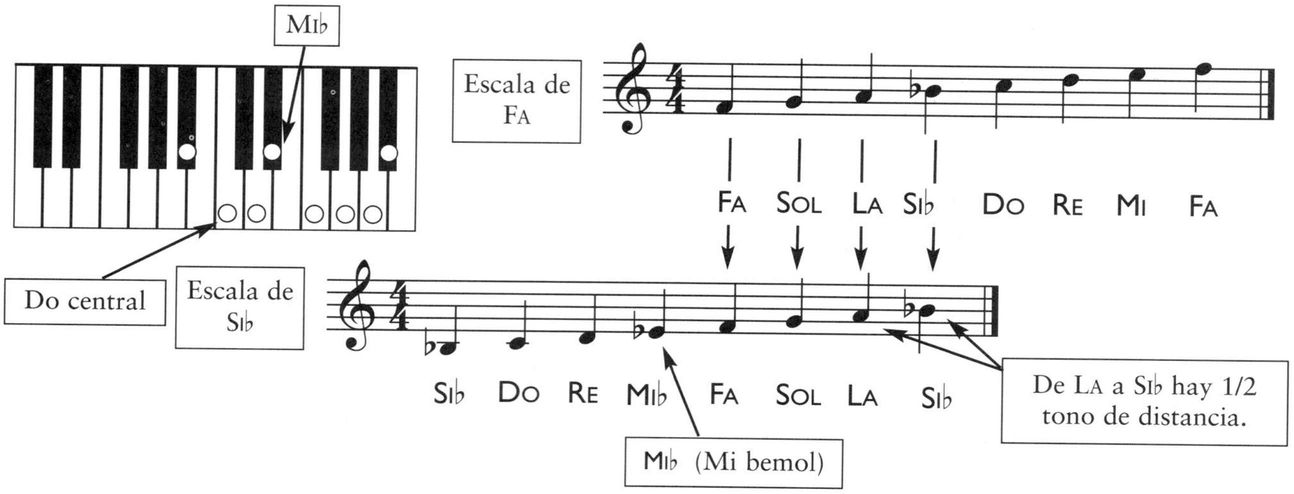

46 48 SI TE TUVIERA

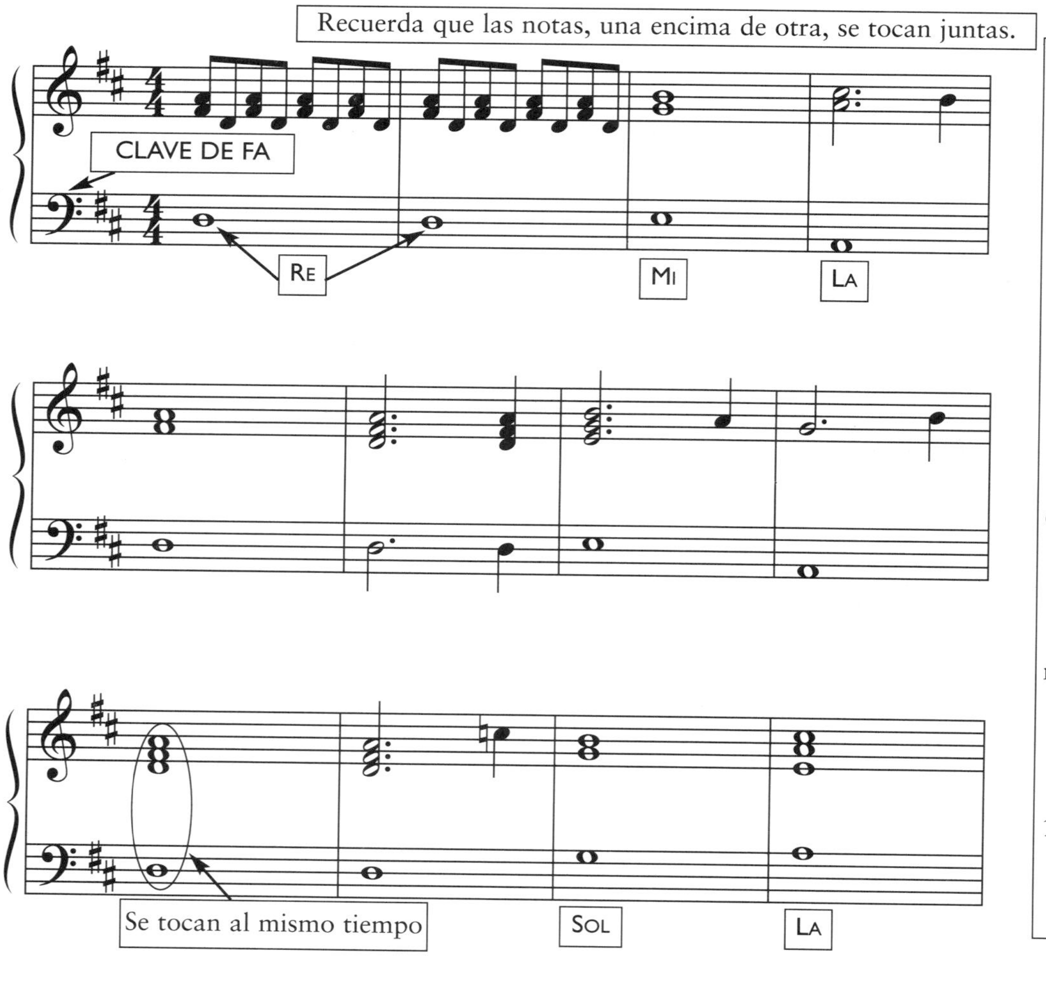

Esta canción es un poco más completa, tiene piano y violines. Por ahora, sería un poco difícil tocar los dos instrumentos juntos. Pero como dijimos, a veces se usan más instrumentos para que se oiga mas completa una canción.

En este caso, toca primero el piano, y luego el violín, para que veas como se usa cada instrumento.

Si hay algún amigo que pueda acompañarte a tocar juntos esta canción, ¡mejor todavía! Así podrás oír y tocar al mismo tiempo lo cual ayuda mucho a ser buen músico.

Importante: La clave de FA se usa mucho en el piano o teclado, Se usa para leer las notas graves. En esta canción la vas a usar por primera vez. Trata de aprenderte las notas en la clave de FA también (página 11). Aunque son un poco diferentes a la clave de SOL, estoy seguro que pronto te vas a acostumbrar.

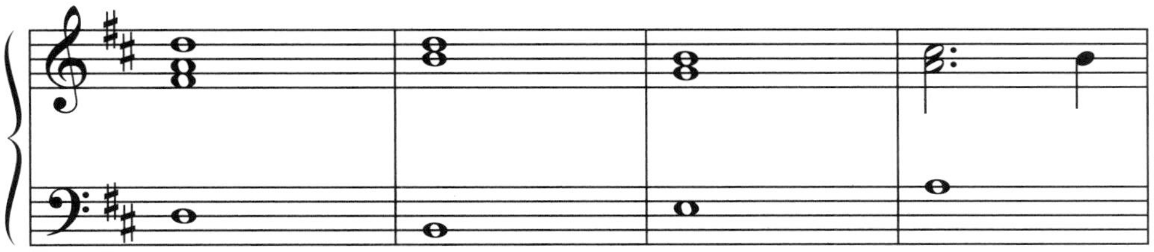

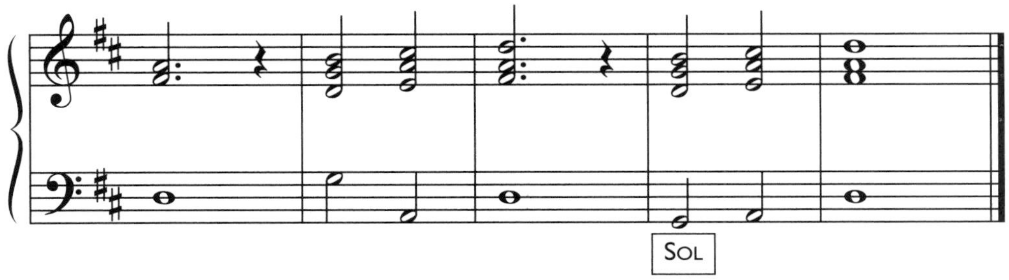
SOL

46 48 SI TE TUVIERA

Cuenta 9 compases antes de comenzar a tocar.
9

Éste es el mismo tema de la página anterior, pero ahora la velocidad es más rápida, 129. Esta parte es la del violín. En la página anterior esta la del piano. Así puedes tocar las dos partes a la vez. También puedes tocar en grupo con otro amigo.

47 49 SI TE TUVIERA (GRUPO)

vio.
pno.
gui.
bajo
bat.

vio.
pno.
gui.
bajo
bat.

Fíjate que en esta partitura ya hay mas pentagramas porque hay mas instrumentos y el piano ocupa 2 pentagramas (mano derecha y mano izquierda). Lee con atención y practica leyendo muchas veces.

¡Felicidades a todos los que han llegado hasta este nivel!

50 52 VOLVERÉ CON LA BANDA

Como hablamos de la velocidad en las canciones, vas a tocar esta canción de banda. Primero a 170 de velocidad, para que sientas el ritmo y la puedas tocar bien. Después, en el tema musical Nº 51 del CD, la tocas a 170 igual, pero con toda la banda. Más adelante en el tema musical Nº 52, la vuelves a tocar, pero esta vez a 222. Puedes comprobar que incluso siendo la misma canción, cuesta más trabajo tocarla porque va más rápido. Recuerda que debes tener paciencia y practicar una y otra vez para poder tocar muchas canciones.

Toca esta melodía usando dos sonidos, uno de trompeta y el otro de trombón, si cambias rapidito a los números puedes tocar los dos al mismo tiempo.

Fíjate en los cambios de acordes y si la quieres acompañar, también lo puedes hacer usando los acordes del tono de Re.

Cambia de acorde solamente y no cambia de tono. Una cosa es cambiar de acorde y otra es cambiar de tono.

Toda la canción esta en el tono de Re, pero usa varios acordes. Por eso cambia a varios acordes pero dentro del mismo tono.

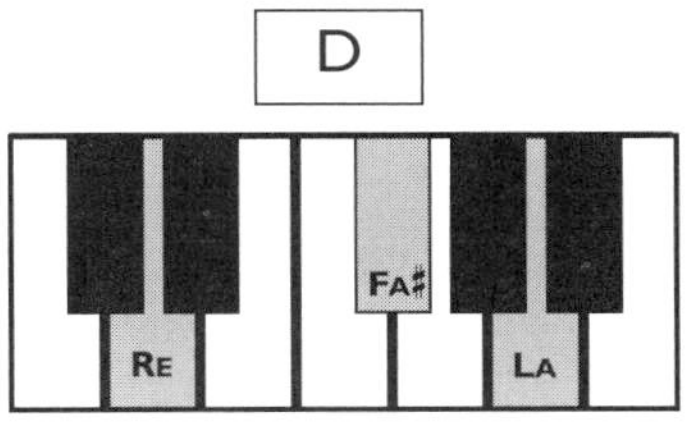

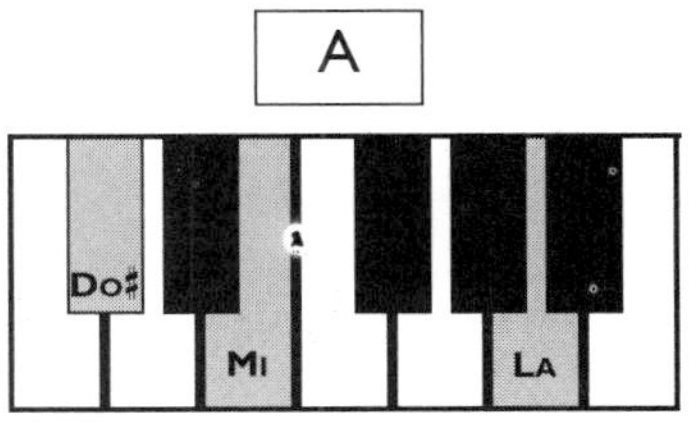

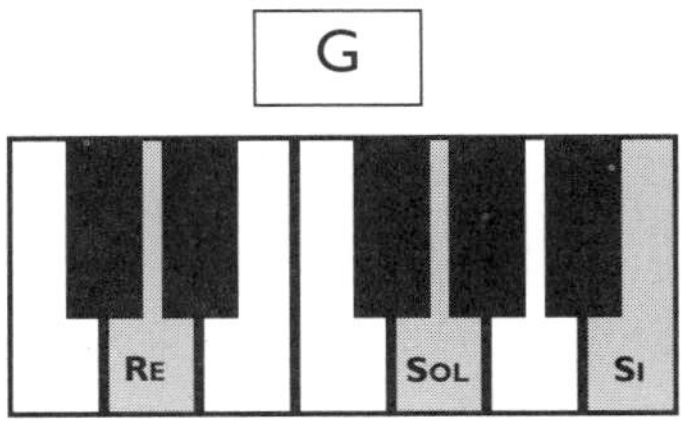

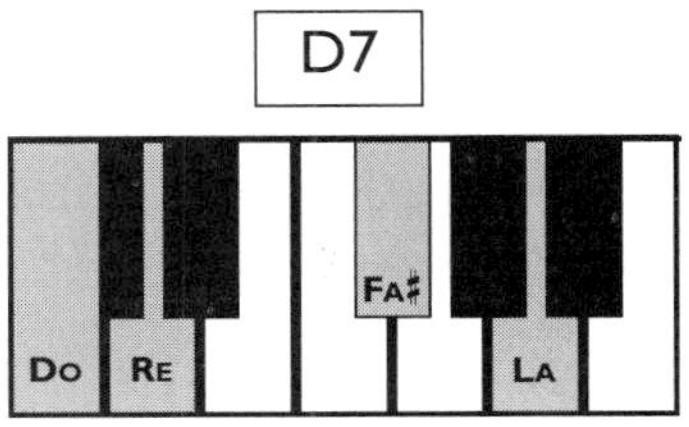

Ten cuidado con la clave de Fa, ya debes de poder leerla para tocar esta canción. Ten mucha paciencia y practica una y otra vez. Es la única manera de aprender música, no te desesperes y sigue practicando.

Usa dos dedos para tocar dos notas al mismo tiempo y trata de que se oigan parejas. ¡Adelante y diviértete tocando música! Porque al fin y al cabo para eso se toca ¿verdad?

51 53 VOLVERÉ CON LA BANDA (GRUPO)

En esta parte está todo el arreglo de la canción, para que veas como se hace un arreglo de banda. Cada línea es un instrumento diferente. Como el teclado puede hacer varios sonidos, vamos a utilizarlo para que toque el sonido de trompeta y de trombón. Puedes tocar la canción una vez con sonido de trompeta y otra con el sonido de trombón. También si cambias rápido los números, puedes hacer los dos. Algo incluso mejor, ¡tócalo junto con otro amigo en 2 teclados. Recuerda una vez lento a 170 y la otra rápido a 222.

Trata de seguir la música con los ojos, al mismo tiempo que oyes, las notas. Te garantizo que ese tipo de lectura te va a dar mucho conocimiento sobre la música. Intenta hacerlo varias veces y notarás la diferencia.

A
D
D7
G

Practicar es la única forma de aprender musica.

54 LA ESCALA DE MI

Así se forma la escala de MI mayor. Tomas como base la escala de LA mayor, y la divides en dos. Pones las ultimas 4 notas en otro pentagrama más arriba. En el segundo pentagrama le agregas 4 notas para tener 8 notas, de MI a MI. El orden tiene que ser el mismo en las dos escalas, por eso tienes que agregar el ♯ (sostenido) al RE, para que tenga el mismo orden. Entonces resulta una nota nueva: el RE♯ (RE sostenido).

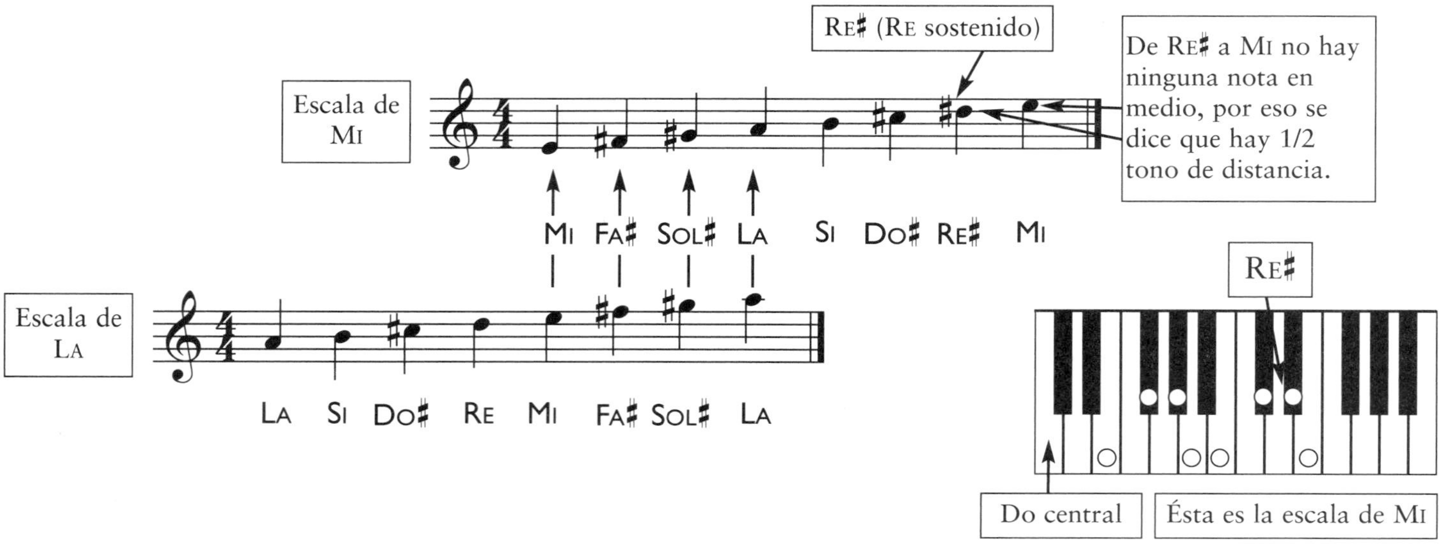

55 57 UN BOLERITO PARA TI

Como esta canción es de estilo mariachi, vamos a tratar de usar los instrumentos que usa el mariachi: violines, trompetas, vihuela, guitarra y guitarrón.
Normalmente se utilizan alrededor de 6 violines, en este caso todos tocan la misma nota creando una melodía. Fíjate como se toca la melodía de los violines. Normalmente son notas agudas. Toca la canción una vez con el sonido de violín.

Las trompetas son casi siempre 2; por eso vas a ver 2 notas al mismo tiempo, una trompeta hace la primera y la otra la segunda. Fíjate cómo se toca y usa el sonido de trompeta en el teclado. Si tienes un amigo con el que puedas tocar, toquen juntos con dos teclados, uno tocan los violines y el otro las trompetas. ¡Verás qué divertido!

56 58 UN BOLERITO PARA TI (GRUPO)

Ya se ven más familiares estas partituras ¿verdad? Se hace más fácil conforme las vas viendo y oyendo más y más. ¡Muchas felicidades por llegar hasta aquí! Recuerda que esta lección es de velocidad. Tócala primero lentamente, para que sientas el ritmo y puedas mover los dedos bien. Después tócala rápidamente. Haz lo mismo con la canción que le sigue.

¡No te olvides de practicar todas las escalas del libro todos los días!

vio.
trp.
Bm
E
A
F♯m
Bm
E
A
gui.
bajo
bat.
vio.
trp.
D
E
A
D
gui.
bajo
bat.

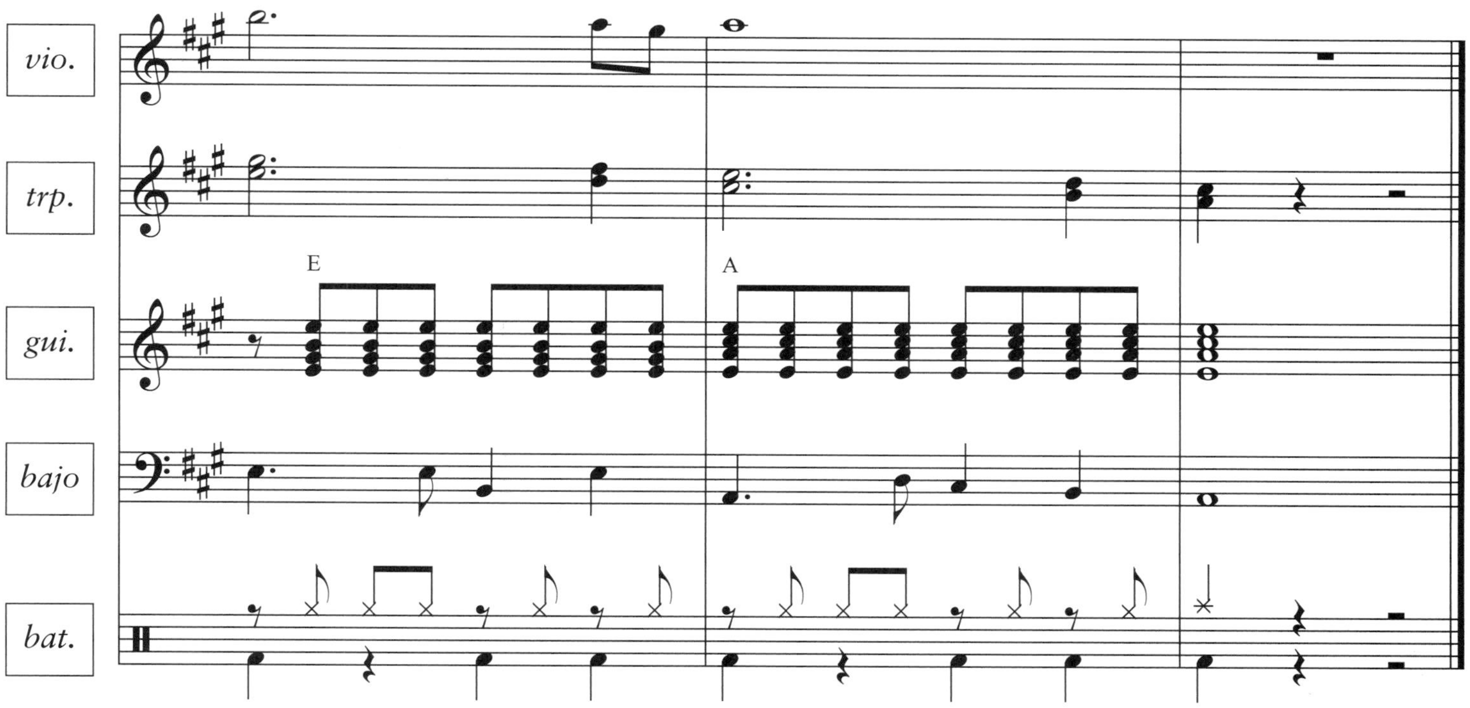

CONSEJO

Practica todas las escalas de este libro todos los días. Primero con la mano derecha, luego con la mano izquierda y luego con las dos manos juntas. Después de unos meses vas a notar la gran diferencia.

59 LA ESCALA DE MI♭

Así se forma la escala de MI♭ mayor. Tomas como base la escala de SI♭ mayor, y la divides en dos. Pones las ultimas 4 notas en otro pentagrama más abajo. En el segundo pentagrama le agregas 4 notas para tener 8 notas, de MI♭ a MI♭. El orden tiene que ser el mismo en las dos escalas, por eso tienes que agregar el ♭ (bemol) al LA, para que tenga el mismo orden. Entonces resulta una nota nueva: el LA♭ (LA bemol).

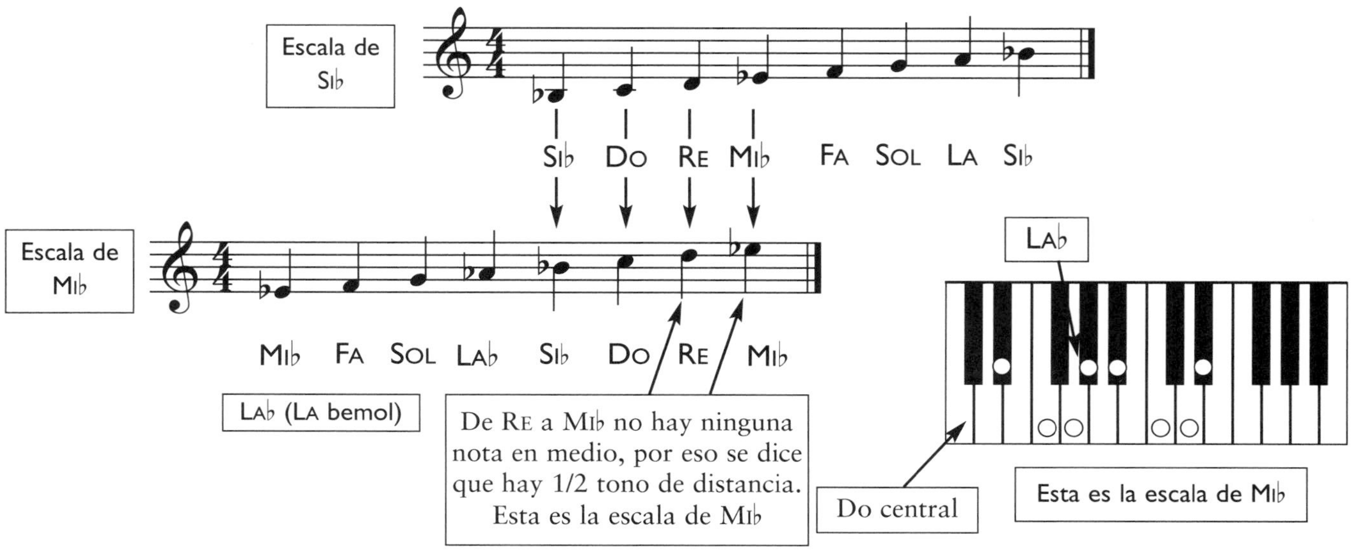

60 62 ENAMORADO DE TI

Llegamos al final del libro con la ultima canción tipo grupero. En esta canción vas a tocar primero lo que haría el teclado o el piano. Puedes usar un sonido de piano eléctrico, piano acústico o algún otro sonido parecido. Fíjate que está escrito en dos pentagramas, uno para la clave de SOL y otro la clave de FA, que tocas con la mano izquierda. ¡Enhorabuena por llegar hasta aquí!

Este sería el adorno de la canción. Tócalo con un sonido grupero, escucha el CD y busca algo parecido. Tócalo con la mano derecha. Es muy difícil que toques el piano y el adorno al mismo tiempo; por eso trata con dos teclados y practica mucho. ¡Me alegro que lograras llegar hasta aquí! ¡Felicidades!

61 63 ENAMORADO DE TI (GRUPO)

grp.
pno.
D
G
A
D
gui.
bajo
bat.
grp.
pno.
gui.
bajo
bat.

64 LA ESCALA DE LA♭

Así se forma la escala de La♭ mayor. Tomas como base la escala de Mi♭ mayor, y la divides en dos. Pones las primeras 4 notas en otro pentagrama más abajo. En el segundo pentagrama le agregas 4 notas para tener 8 notas, de La♭ a La♭. El orden tiene que ser el mismo en las dos escalas, por eso tienes que agregar el ♭ (bemol) al Re, para que tenga el mismo orden. Entonces resulta una nota nueva: el Re♭ (Re bemol).

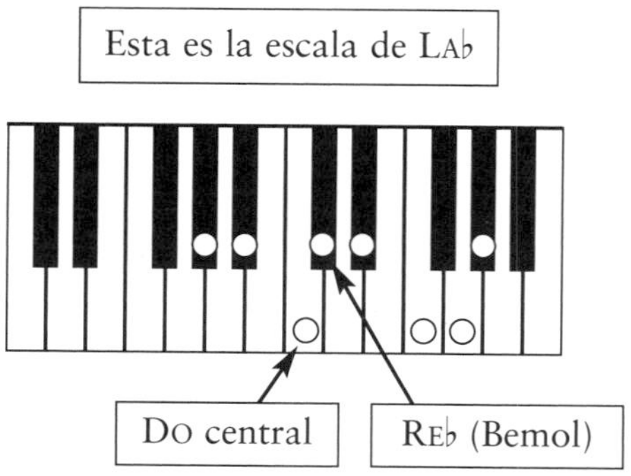

65 LA ESCALA DE RE♭

Así se forma la escala de RE♭ mayor. Tomas como base la escala de LA♭ mayor, y la divides en dos. Pones las primeras 4 notas en otro pentagrama más abajo. En el segundo pentagrama le agregas 4 notas para tener 8 notas, de RE♭ a RE♭. El orden tiene que ser el mismo en las dos escalas, por eso tienes que agregar el ♭ (bemol) al SOL, para que tenga el mismo orden. Entonces resulta una nota nueva: el SOL♭ (SOL bemol).

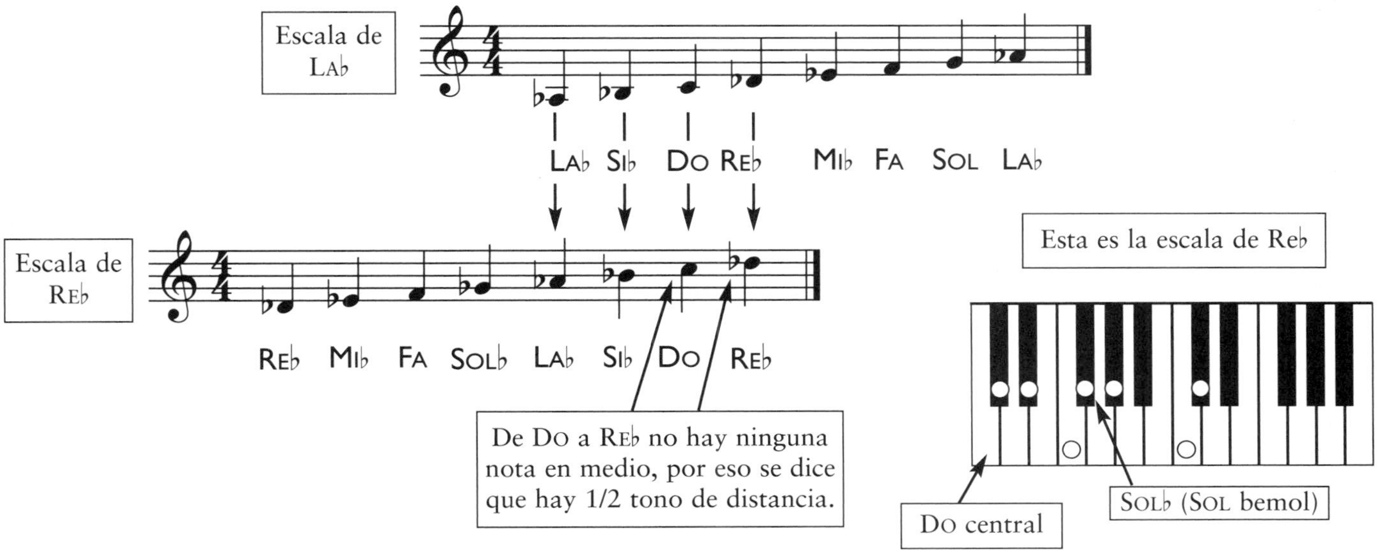

66 LA ESCALA DE SI

Así se forma la escala de SI mayor. Tomas como base la escala de MI mayor, y la divides en dos. Pones las primeras 4 notas en otro pentagrama más arriba. En el segundo pentagrama le agregas 4 notas para tener 8 notas, de SI a SI. El orden tiene que ser el mismo en las dos escalas, por eso tienes que agregar el ♯ (sostenido) al LA, para que tenga el mismo orden. Entonces resulta una nota nueva: el LA♯ (LA sostenido).

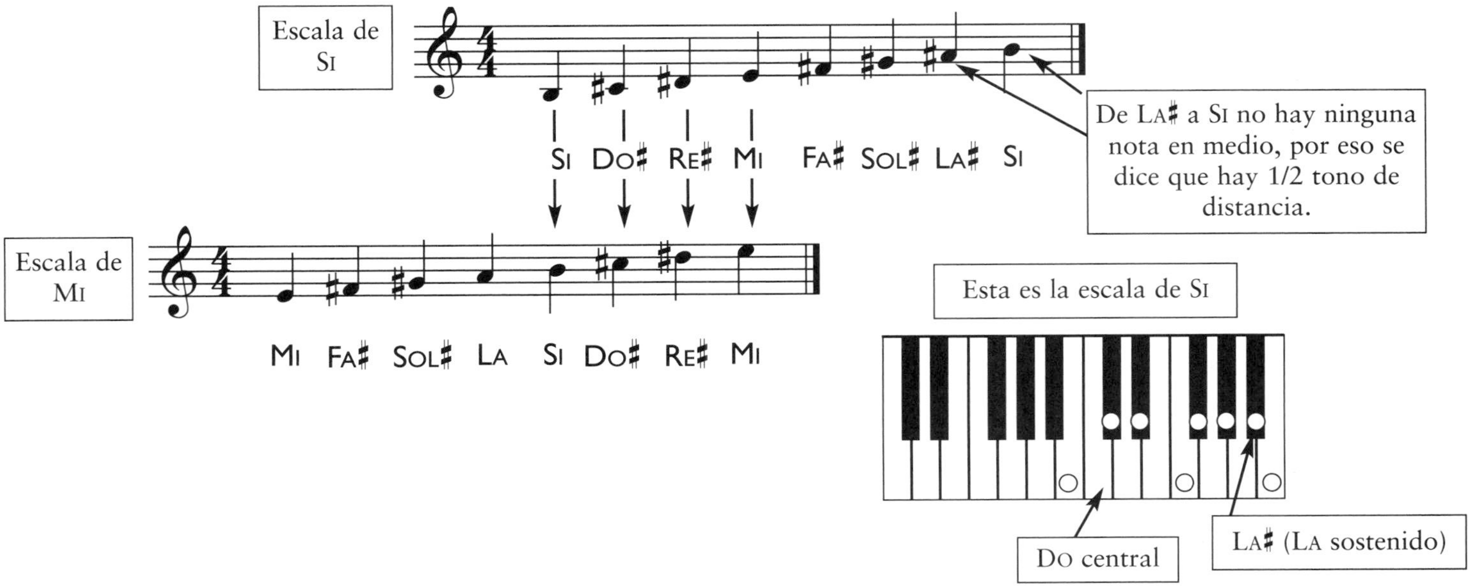

ACORDES MAYORES

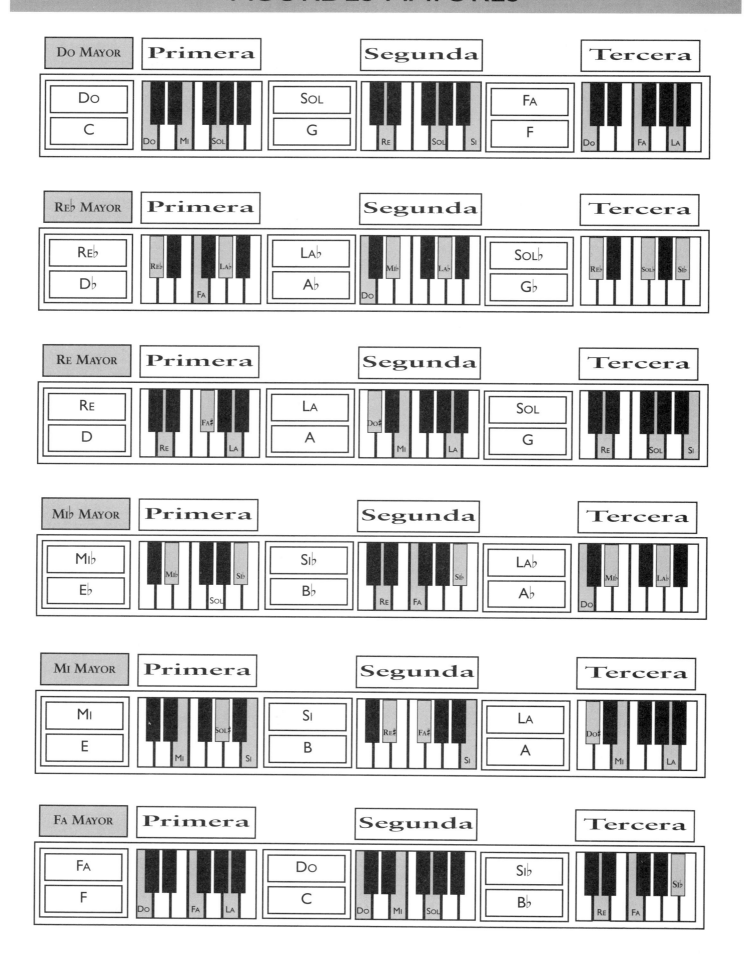

Do Mayor

Primera	Segunda	Tercera
Do / C	Sol / G	Fa / F

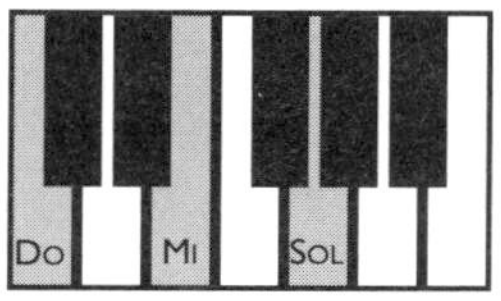

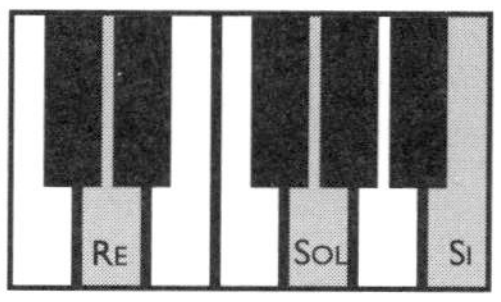

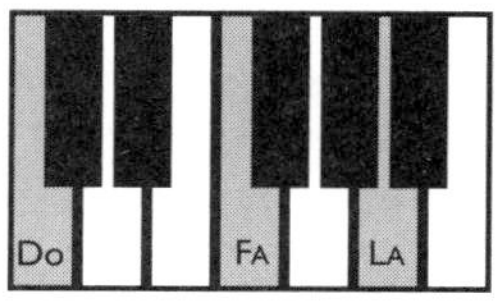

Re♭ Mayor

Primera	Segunda	Tercera
Re♭ / D♭	La♭ / A♭	Sol♭ / G♭

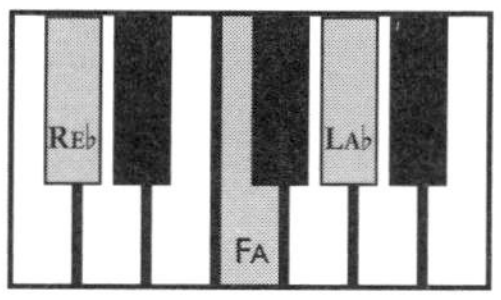

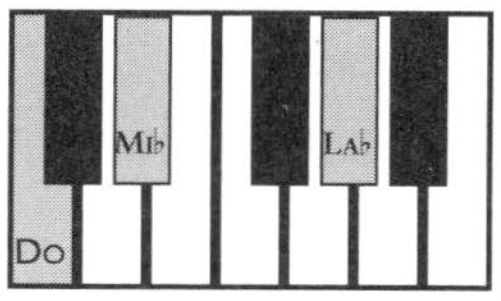

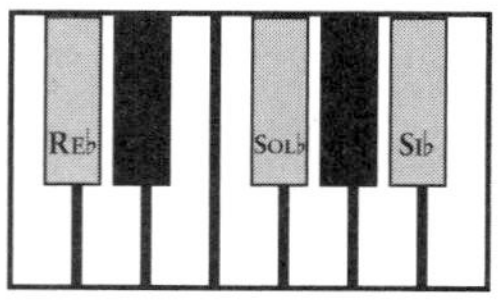

Re Mayor

Primera	Segunda	Tercera
Re / D	La / A	Sol / G

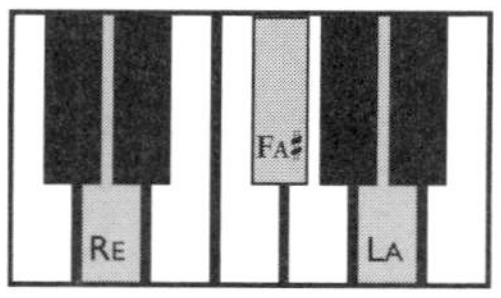

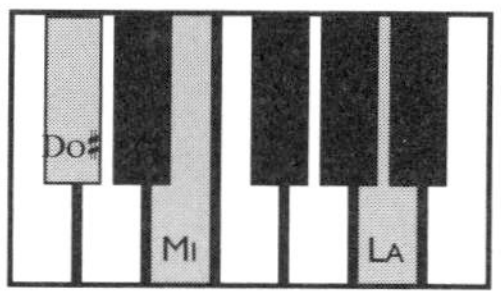

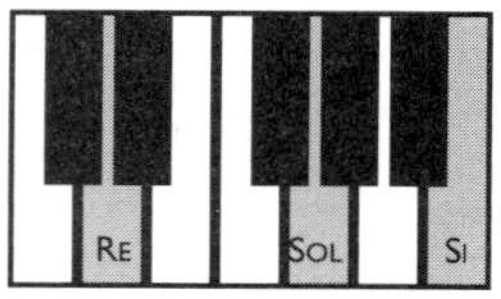

Mi♭ Mayor

Primera	Segunda	Tercera
Mi♭ / E♭	Si♭ / B♭	La♭ / A♭

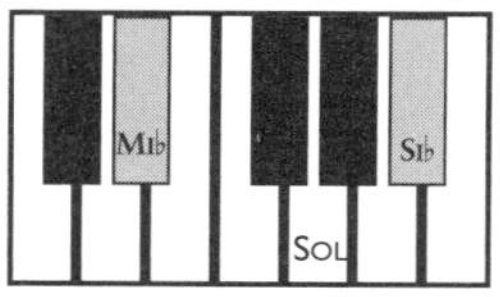

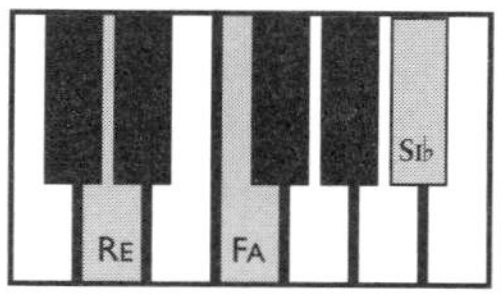

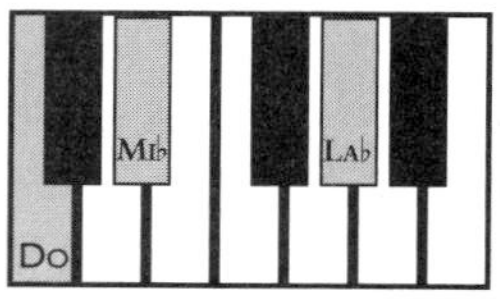

Mi Mayor

Primera	Segunda	Tercera
Mi / E	Si / B	La / A

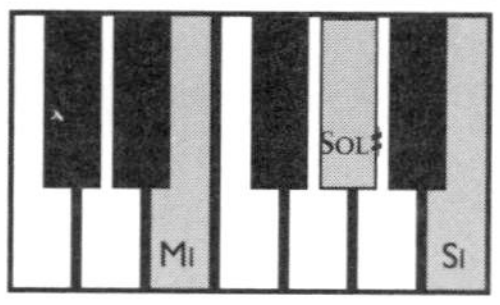

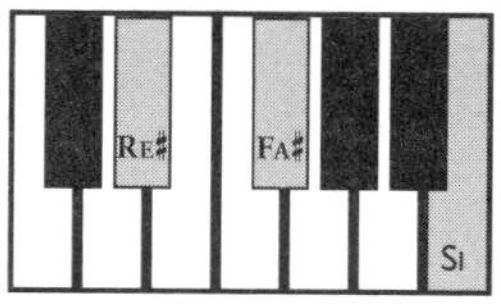

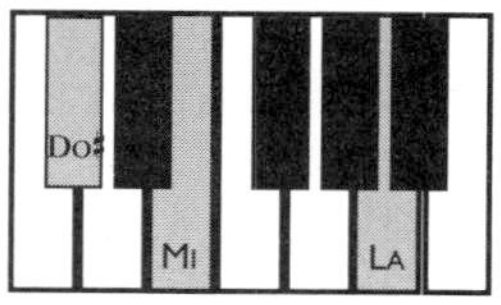

Fa Mayor

Primera	Segunda	Tercera
Fa / F	Do / C	Si♭ / B♭

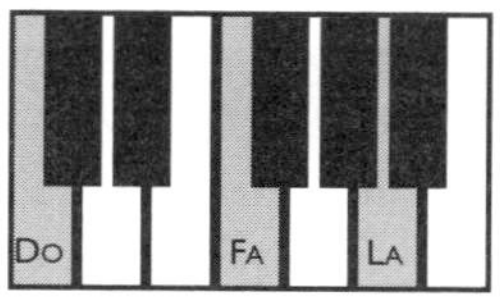

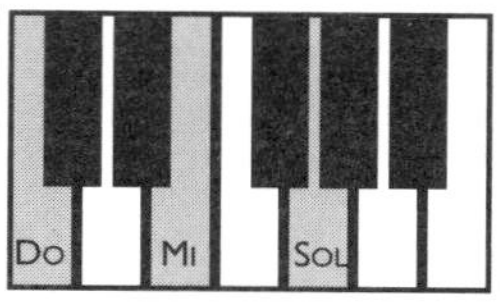

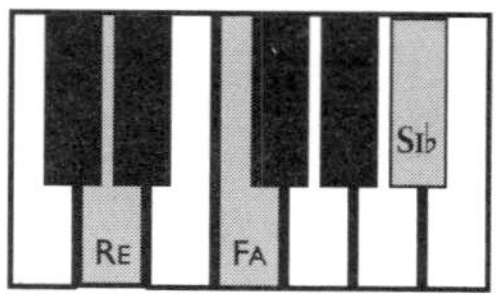

Fa♯ Mayor

	Primera		Segunda		Tercera
Fa♯ / F♯	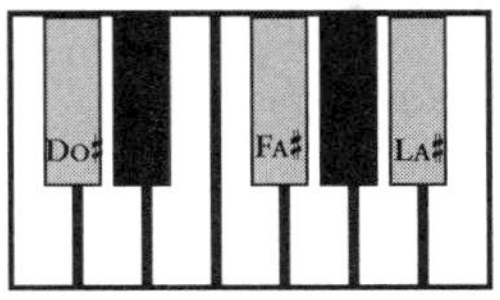	Do♯ / C♯	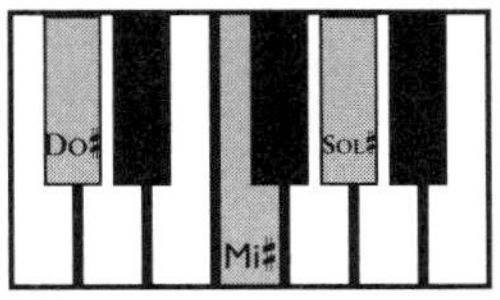	Si / B	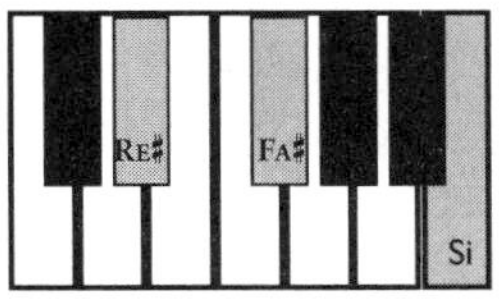

Sol Mayor

	Primera		Segunda		Tercera
Sol / G	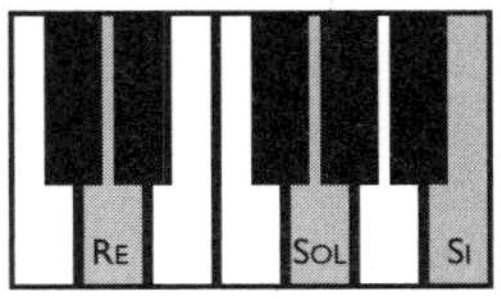	Re / D	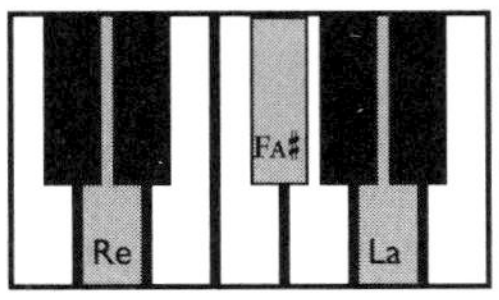	Do / C	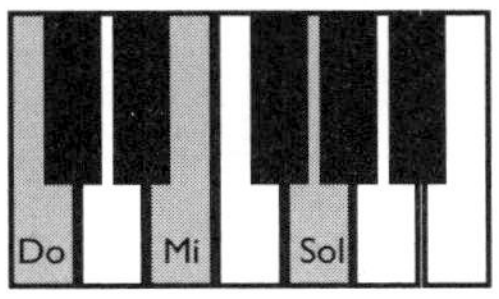

La♭ Mayor

	Primera		Segunda		Tercera
La♭ / A♭	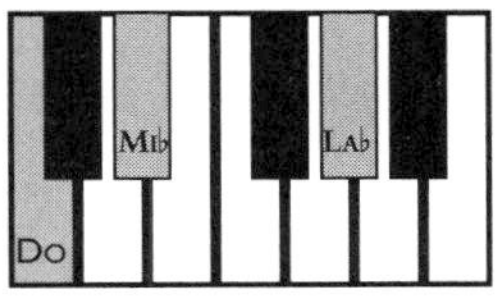	Mi♭ / E♭	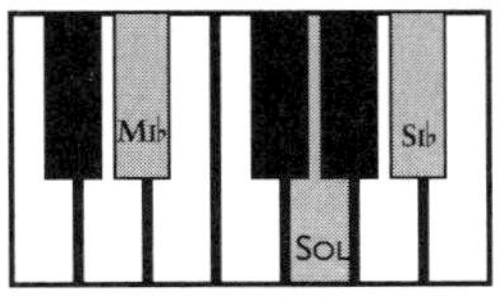	Re♭ / D♭	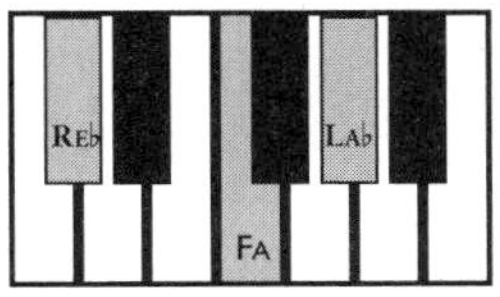

La Mayor

	Primera		Segunda		Tercera
La / A	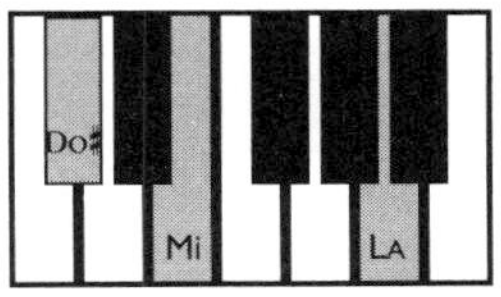	Mi / E	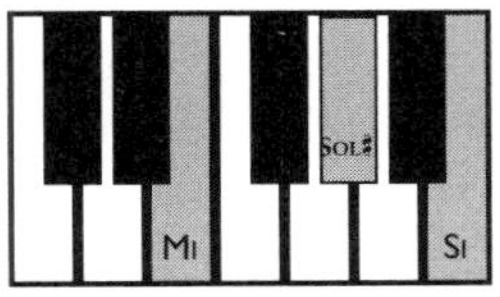	Re / D	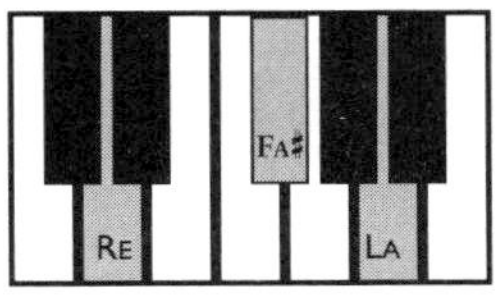

Si♭ Mayor

	Primera		Segunda		Tercera
Si♭ / B♭	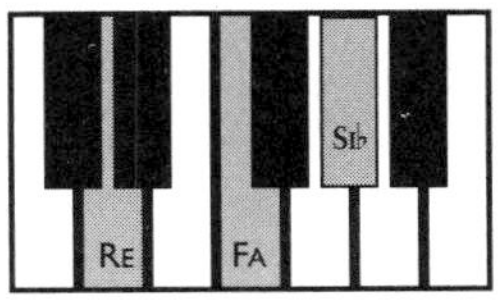	Fa / F	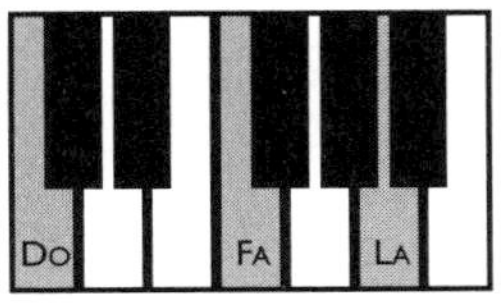	Mi♭ / E♭	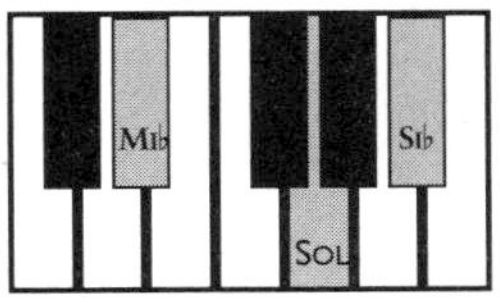

Si Mayor

	Primera		Segunda		Tercera
Si / B	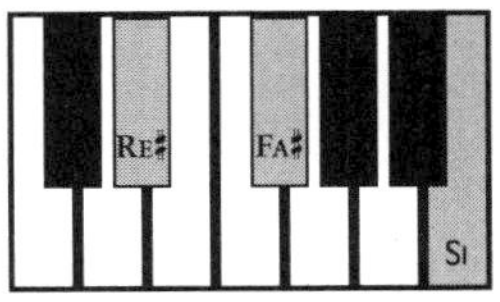	Fa♯ / F♯	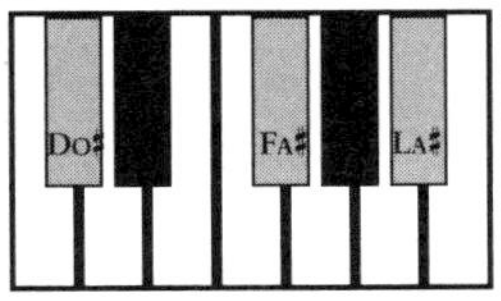	Mi / E	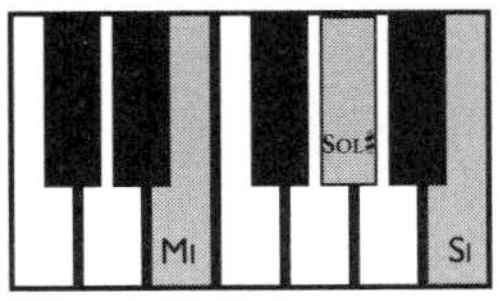

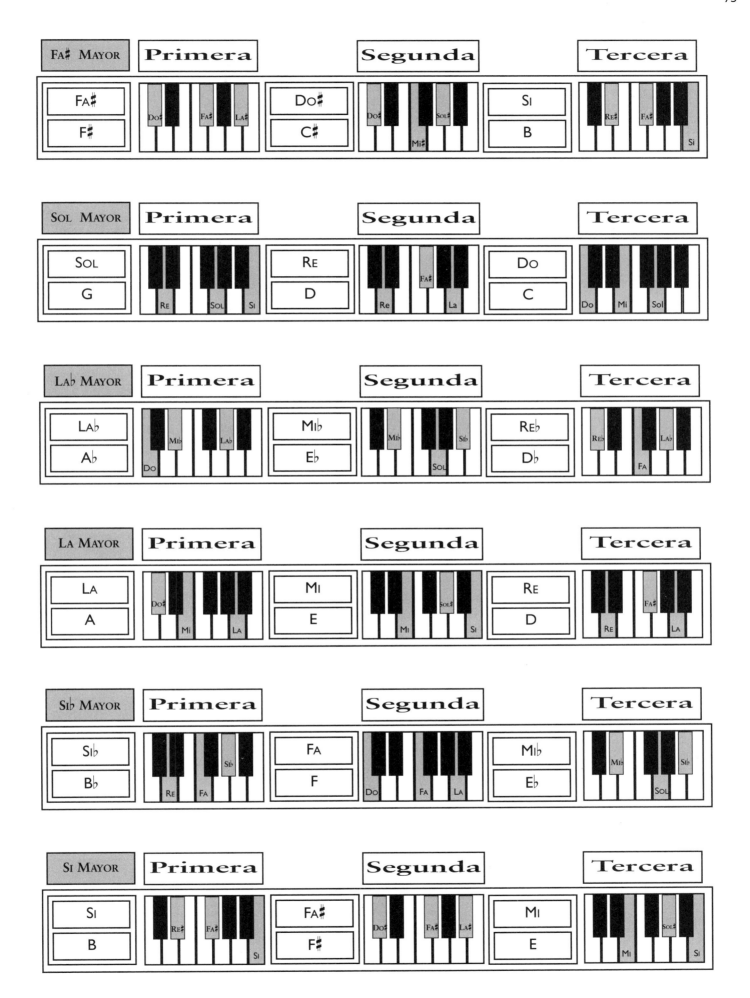

ALGUNOS ACORDES MENORES

Dom

Cm

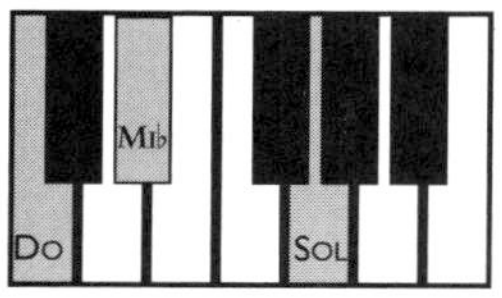

Do♯m

C♯m

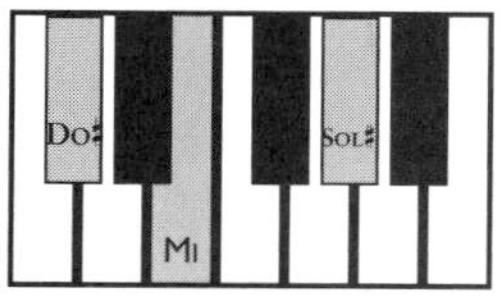

Rem

Dm

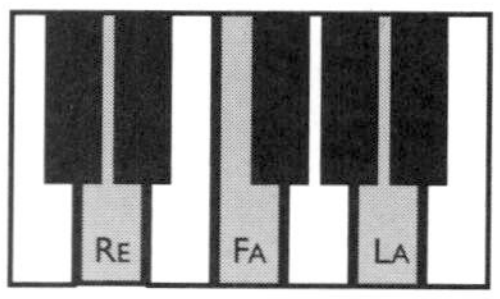

Mi♭m

E♭m

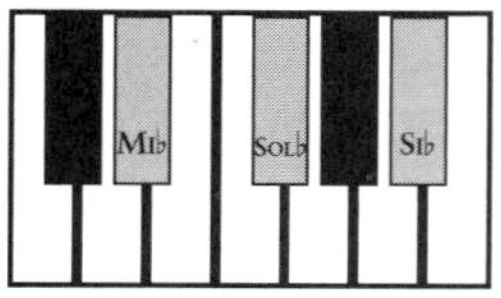

Mim

Em

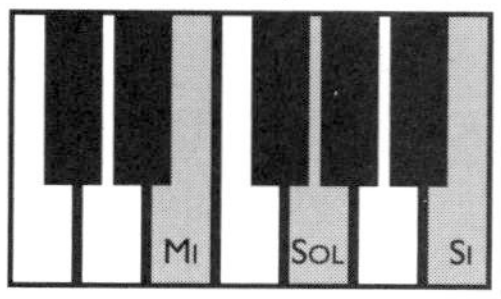

Fam

Fm

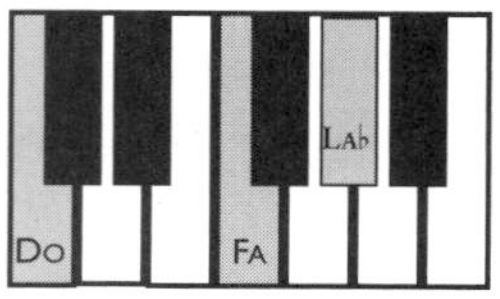

Fa♯m

F♯m

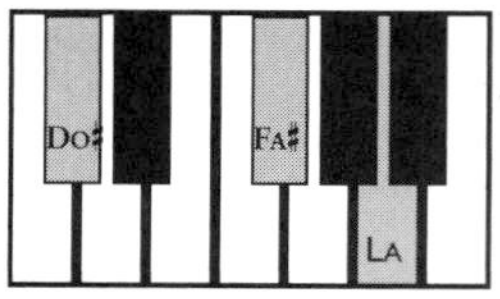

Solm

Gm

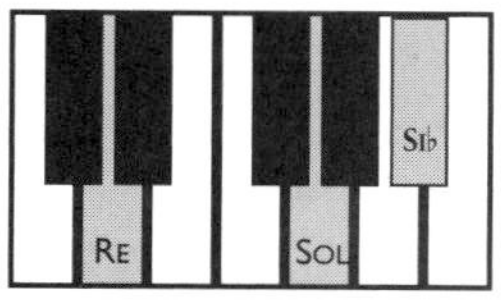

La♭m

A♭m

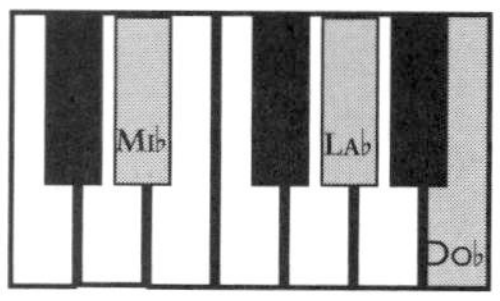

Lam

Am

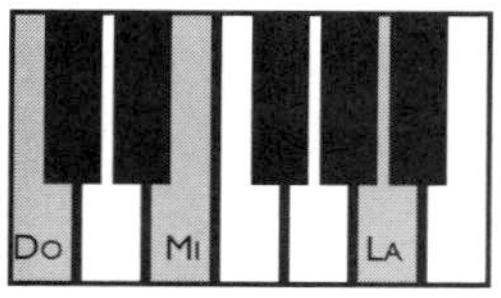

Si♭m

B♭m

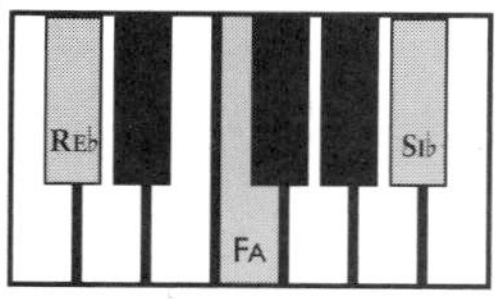

Sim

Bm

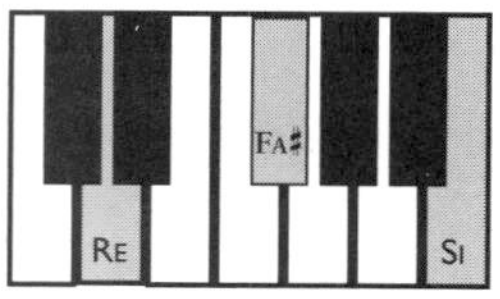

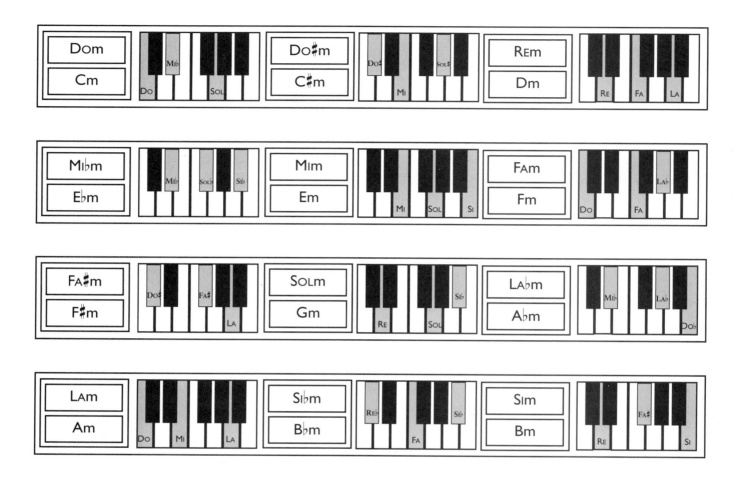

ALGUNOS ACORDES DE SÉPTIMA DE DOMINANTE

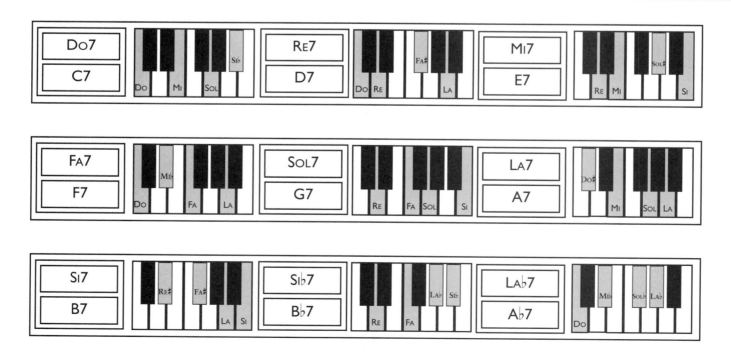

Do7

C7

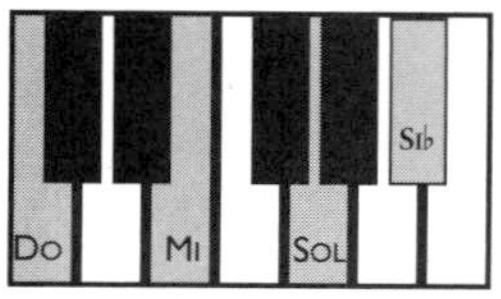

Re7

D7

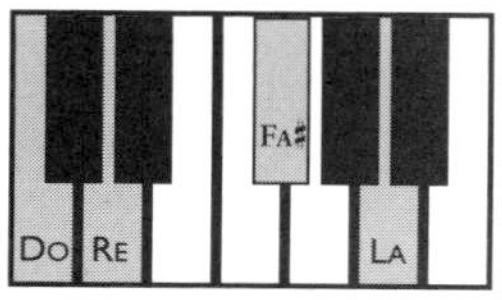

Mi7

E7

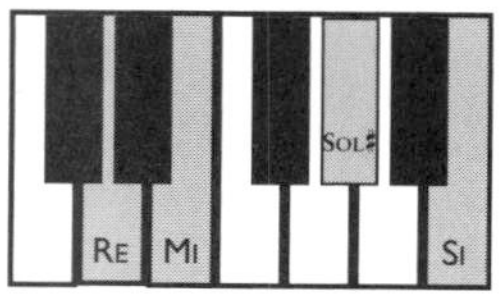

Fa7

F7

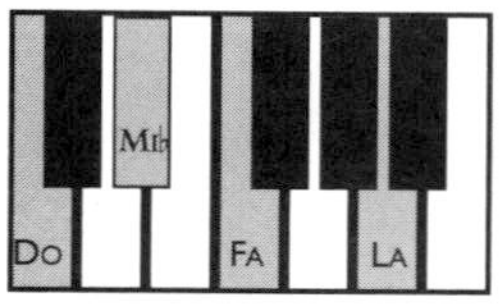

Sol7

G7

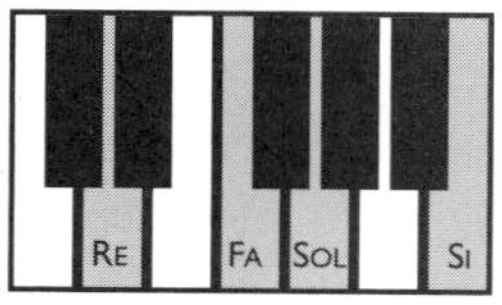

La7

A7

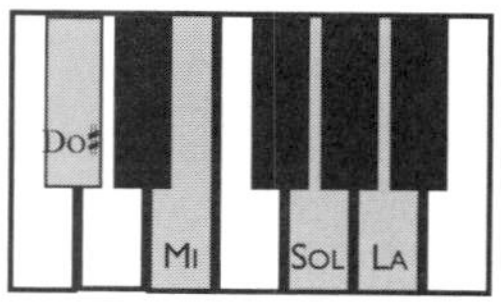

Si7

B7

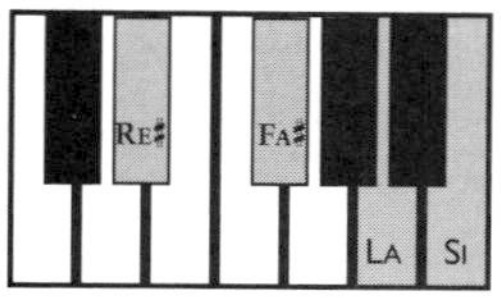

Si♭7

B♭7

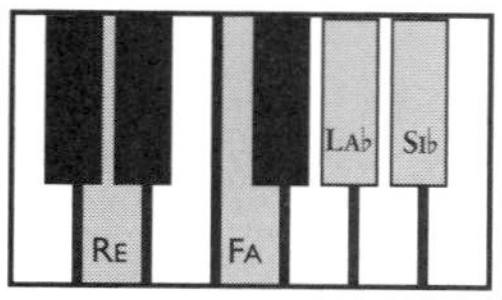

La♭7

A♭7

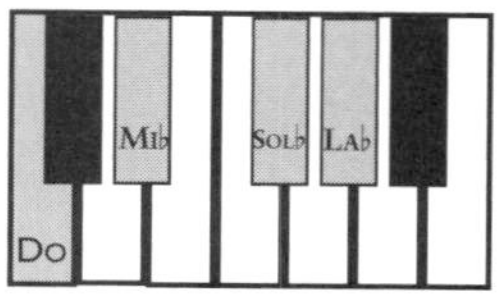

Y AHORA, ¿QUÉ HAGO...?

Bueno, todavía hay mucho que aprender. Lo primero sería volver a repasar este libro completamente. Te darás cuenta de que quizá algunas cosas ya se te habían olvidado.

Practicar *todos los días* las escalas es muy importante. Practicar *todos los días* los acordes es muy importante. Si algo aprendes de este libro que sean dos cosas: *las escalas y los acordes son la base de la música.*

No creas que la música termina tan rápido. Apenas le estas agarrando el gusto. ¡Hay tanto que aprender! Los acordes y las escalas que presentamos aquí, son sólo algunos de los que existen.

Usa tu creatividad, piérdele el miedo al instrumento y tócalo lo más posible. Experimenta con las notas, acordes y canciones; en una palabra, haz que sea divertido.

Este libro se escribió debido a la necesidad de tener un libro sobre música en español en Estados Unidos. Hay muchos libros sobre música en inglés y muy buenos; pero en español apenas hay, y menos aún con CD. Esta serie de *Música Fácil* © trata de ofrecer libros para enseñar música en tu idioma. Lo importante es que aprendas música.

Felicidades por haber terminado este libro y espero que continúes tocando la música.

Easy Music School te enseña a tocar *teclado* de una forma *fácil.*

SI QUIERES APRENDER MÁS

Hay varias formas de sacarle el mayor provecho posible a este libro una vez que lo termines completamente. Vuelve a tocar la canción número 1, "Mis primeros pininos." Ahora en lugar de tocar la melodía del teclado, toca lo que hace la guitarra; o sea los acordes. Toca así todas las 20 canciones otra vez pero leyendo y tocando lo que hace la guitarra. De esta manera aprenderás mucho más.

Si quieres aprender aún mas, toca otra vez las 20 canciones, pero esta vez toca lo que hace el bajo. Al leer en la clave de FA vas a poder hacer el bajeo usando el teclado. No importa lo que toques, tócalo siempre a tiempo y usando la música de grupo como guía para que te marque el tiempo.

Si todavía quieres más, usa ahora las dos manos y toca las 20 canciones otra vez. Esta vez toca la parte del bajo con la mano izquierda y con la mano derecha toca la del teclado. Vas a ver como te va a costar algo de trabajo, pero si lo haces es como si tuviera un libro nuevo.

Así le puedes sacar más provecho a este libro. ¿Qué te parece tocar lo que hace el bajo con la mano izquierda y lo que hace la guitarra con la mano derecha? o ¿tocar la guitarra y el teclado juntos? o ¿cambiar de mano? Como puedes ver hay muchas posibilidades. Este método se llama *Música Fácil* y por eso las canciones son fáciles de tocar. Si tú eres de las personas que ya están más avanzadas y ya sabe tocar algo de teclado, con este libro puedes aprender mucho más.

Recuerda que la música es infinita y no podemos enseñar todo sobre la música en un solo libro. Por lo tanto si quieres aprender más todavía, sigue estudiando mucho cada día.

Hasta luego y enhorabuena una vez más de parte de tu amigo y autor de este libro.

Víctor M. Barba

LISTA INDIVIDUAL DE TEMAS MUSICALES

1. Mis Primeros Pininos (Solo)
2. Mis Primeros Pininos (Grupo)
3. Rancherita (Solo)
4. Rancherita (Grupo)
5. Simplemente Tu (Solo)
6. Simplemente Tu (Grupo)
7. La Escala de Do
8. Ranchera (Solo)
9. Ranchera (Grupo)
10. Tu Dulce Amor (Solo)
11. Tu Dulce Amor (Grupo)
12. La Escala de Sol
13. Amanecer (Solo)
14. Amanecer (Grupo)
15. Solamente Dos Veces (Solo)
16. Solamente Dos Veces (Grupo)
17. El Cha chá (Solo)
18. El Cha chá (Grupo)
19. Todo Por Ti (Solo)
20. Todo Por Ti (Grupo)
21. No Comprendo (Solo)
22. No Comprendo (Grupo)
23. Circulo de Do
24. La Escala de Re
25. Bach Norteño (Solo)
26. Bach Norteño (Grupo)
27. Circulo de Sol
28. Un Velero En Chapala (Solo)
29. Un Velero En Chapala (Grupo)
30. La Escala de La
31. Volvere Otra Vez (Solo)
32. Volvere Otra Vez (Grupo)
33. Circulo de La
34. El *Rock* De La Escuela (Solo)
35. El *Rock* De La Escuela (Grupo)
36. Norteña De Mis Amores ♩=114 (Solo)
37. Norteña De Mis Amores ♩=114 (Grupo)
38. Norteña De Mis Amores ♩=170 (Solo)
39. Norteña De Mis Amores ♩=170 (Grupo)
40. La Escala de Fa
41. El Rock De La Piedra ♩=120 (Solo)
42. El Rock De La Piedra ♩=120 (Grupo)
43. El Rock De La Piedra ♩=153 (Solo)
44. El Rock De La Piedra ♩=153 (Grupo)
45. La Escala de Si♭
46. Si Te Tuviera ♩=93 (Solo)
47. Si Te Tuviera ♩=93 (Grupo)
48. Si Te Tuviera ♩=129 (Solo)
49. Si Te Tuviera ♩=129 (Grupo)
50. Volvere Con La Banda ♩=170 (Solo)
51. Volvere Con La Banda ♩=170 (Grupo)
52. Volvere Con La Banda ♩=222 (Solo)
53. Volvere Con La Banda ♩=222 (Grupo)
54. La Escala de Mi
55. Un Bolerito Para Ti ♩=85 (Solo)
56. Un Bolerito Para Ti ♩=85 (Grupo)
57. Un Bolerito Para Ti ♩=117 (Solo)
58. Un Bolerito Para Ti ♩=117 (Grupo)
59. La Escala de Mi♭
60. Enamorado De Ti ♩=89 (Solo)
61. Enamorado De Ti ♩=89 (Grupo)
62. Enamorado De Ti ♩=114 (Solo)
63. Enamorado De Ti ♩=114 (Grupo)
64. La Escala de La♭
65. La Escala de Re♭
66. La Escala de Si

Primer Nivel: Aprende teclado fácilmente

por Víctor M. Barba

Gracias a Mi familia por ayudarme y apoyarme en la realización de este libro. Gracias también a Betty, mi esposa y a mis dos hijos, Carlos y Cindy.

Nota biográfica del autor

Víctor M. Barba estudió música en el Conservatorio Nacional de Música de México D.F. Cuenta en su poder con varios premios entre los que se encuentran dos premios Nacionales de Composición. Es así mismo autor de un concierto para piano y unas variaciones sinfónicas. Su música ha sido interpretada por la Orquesta Sinfónica del Estado de México, bajo la dirección del Maestro Eduardo Díazmuñoz G. Desde muy joven impartió clases de música en diferentes escuelas y a nivel privado, pero no fue hasta 1996 que fundara la escuela Easy Music School. Su sistema de aprendizaje *Música Fácil* © ha ayudado a miles de personas aprender música de una manera práctica y profesional. Como productor de discos y arreglista trabajó junto a Cornelio Reyna y recientemente compuso la banda sonora de la película *Sueños amargos* protagonizada por Rozenda Bernal y Alejandro Alcondez. Víctor M. Barba se destaca también como autor y ha publicado varios métodos para tocar instrumentos musicales tan variados como: teclado, acordeón, batería, solfeo e incluso canto. En la actualidad se concentra en la escritura de libros para trompeta, violín y armonía. Es miembro de BMI y sus canciones han sido interpretadas por artistas de renombre internacional.